L Hölscher

Reformationsgeschichte der Stadt Herford

Im Anhang die Herforder Kirchenordnung von 1532

L Hölscher

Reformationsgeschichte der Stadt Herford
Im Anhang die Herforder Kirchenordnung von 1532

ISBN/EAN: 9783743664722

Hergestellt in Europa, USA, Kanada, Australien, Japan

Cover: Foto ©ninafisch / pixelio.de

Weitere Bücher finden Sie auf **www.hansebooks.com**

Reformationsgeschichte

der

Stadt Herford

Im Anhang:

Die Herforder Kirchenordnung von 1532.

Von

Prof. Dr. L. Hölscher.

Gütersloh.

Druck und Verlag von C. Bertelsmann.

1888.

Meinem ältesten Jugendfreunde

Herrn H. Ameler

Pfarrer an der St. Johanniskirche zu Herford, Superintendenten a. D.,
Ritter des R. A. O.

zu seinem fünfzigjährigen Amtsjubiläum

am 1. November 1888

in treuer Liebe gewidmet.

Seit vor etwa siebzig Jahren, lieber Freund, ein günstiges Geschick mich zu Deinem nächsten Hausnachbarn in der sagenumwobenen Clarenstraße unserer alten Stadt machte, sind wir nimmer in treuer Freundschaft, räumlich nur wenige Jahre geschieden gewesen. Von dem ehrwürdigen Gymnasium der Vaterstadt bin ich Dir nach Bonn, von Bonn nach Berlin gefolgt, und vor vielen Jahren haben wir uns wieder dort gefunden, wo uns nicht bloß aus der Jugendzeit so unendlich viele Erinnerungen entgegenklingen. Vieles hat sich auch bei uns seit jenen längst entschwundenen Tagen geändert. Du bewahrst noch das Bild, welches vom Schauplatz unserer Kinderspiele das Auge über das alte Rathaus hinweg zum Nikolaiturme gewahrte. Wie ganz anders sieht es dort jetzt aus, und so überall in unserer Stadt. In allem Wechsel aber haben wir beide die Liebe zur Vaterstadt festgehalten, und aus dieser Liebe ist diese kleine Schrift hervorgegangen, und darum wird sie Dir willkommen sein. Sie behandelt den bedeutsamsten Punkt in der Geschichte Herfords; in der Reformationsgeschichte Westfalens nimmt Herford eine hochwichtige Stellung ein. Gerade weil die Johanniskirche, an der Du seit so langen Jahren segensreich wirkest, die erste dem Evangelium beigetretene Kirche unserer Stadt gewesen ist, hielt ich die Behandlung dieses Teiles der vaterstädtischen Geschichte für Deinen Ehrentag besonders geeignet. Die Reformationsgeschichte der Stadt ist schon öfters dargestellt, am ausführlichsten, aber in ganz ungenießbarer Form vor mehr als hundert Jahren von Hagedorn, in gewohnter sorgfältiger Weise von Rose, von anderen nur in flüchtigem Umriß. In etwas anderer Art findest Du sie hier behandelt, eng die Thatsachen zusammengedrängt, nichts übergangen. Manches Neue wirst auch Du, der Kenner unserer älteren Geschichte, darin finden, namentlich bezüglich der beiden Männer, die wir als die Reformatoren Herfords bezeichnen müssen, des Jakob Montanus und des Johann Dreier, so wie die hier mitgeteilten Briefe Luthers Dir wohl nicht sämtlich bekannt waren. Die Ergebnisse topographischer Studien, z. B. über den Dwergschen Studentenhof, die alte lateinische Schule u. a. mögen wenigstens vorübergehend Deine Aufmerksamkeit fesseln. So empfehle ich die kleine Freundesgabe Deinem Wohlwollen; unter dieser Obhut trete sie ihre Wanderung an! Der allgütige Gott erhalte Dir noch viele Jahre Deine körperliche und geistige Kraft!

Ungemein schnell, fast widerstandslos hat sich in Herford, in der ganzen Umgegend die Lehre Luthers verbreitet, um der Reformation willen ist in der Grafschaft Ravensberg kein Tropfen Blut geflossen. Die Stadt war zwar niemals, wie sie im siebzehnten Jahrhundert gegen den Großen Kurfürsten mit Wort und That behauptete und wie sie noch lange nachher, als sie sich des Segens der Hohenzollernschen Regierung erfreute, behauptet hat, eine unmittelbar freie Reichsstadt, denn das waren bekanntlich im ganzen niederrheinisch-westfälischen Kreise nur Köln, Aachen und Dortmund; aber sie hatte sich im Laufe der Zeiten viele und wichtige Vorrechte erworben. Infolge der Teilnahme am Handel der Hansa, in der die Stadt keine unbedeutende Rolle spielte, war in derselben ungeachtet der veränderten Verkehrsverhältnisse ein gut Stück Geld zurückgeblieben; eben im Beginn der großen Bewegung lesen wir, daß die Stadt alle ihre alten Schulden bezahlt habe; durch den Wohlstand war in den Bürgern ihr ererbtes Selbstbewußtsein gewachsen. Das Verhältnis der Abtei zur Stadt war nur das der Pietät, nicht des strengen Gehorsams. Der Herzog von Jülich, Schutzvogt seit 1382, konnte zwar nachdrücklicher auftreten als seine Vorgänger, die Grafen von Sternberg, und als die früheren Nachbarn, die Grafen von Ravensberg; es fragte sich aber, welche Stellung derselbe zu der gewaltigen geistigen Strömung der Zeit einnehmen werde. Die Herzöge von Cleve genossen viele Frei-

heiten, die Exemtion der Kirchen in ihren Landen von dem
erzbischöflichen Stuhle zu Köln war zwar nach der Beendigung
der Soester Fehde aufgehoben, aber noch eine Bulle Leos X.
setzte sie 1513 fest. In den Clevischen Landen kamen früh
am Niederrhein Waldenser, in Westfalen Beginen vor; beide
weckten das Gefühl der Hilfsbedürftigkeit der Seele und för=
derten von ihrer Seite die Empfänglichkeit für das Evangelium.
Weit verbreitet war der Unwille der Bürger über die im
Laufe der Zeit durch das Klosterleben unter dem Klerus
hervorgerufene Unsittlichkeit, von der die erhaltenen Visitations=
berichte über die Grafschaft Ravensberg Zeugnis ablegen. Her=
ford war sehr reich an kirchlichen Instituten, aber gerade diese,
in denen die Bildung der Zeit ihren Mittelpunkt gefunden,
finden wir im Vordertreffen der neuen Zeit: Dominikaner,
sonst die Vorfechter der Scholastik, waren hier nicht vor=
handen; das angesehenste Kloster war das der Augustiner,
und es ist ja bekannt, daß seit Errichtung der Universität
Wittenberg, deren erster theologischer Dekan Staupitz war, die
Augustiner von überall her dorthin wanderten. Besonders
aber tritt der Einfluß der Brüder des gemeinsamen Lebens
hervor.

Die Brüderschaften des gemeinsamen Lebens, von
Deventer ausgegangen, waren Vereinigungen frommer und
gelehrter Männer, die von ihrem erworbenen Vermögen lebend
zu gemeinschaftlicher Wohnung und wissenschaftlicher Arbeit sich
verbanden und um den Jugendunterricht sich große Verdienste
erworben haben. An der Spitze des Hauses stand der von
den Klerikern erwählte Rektor oder Pater; die Kleriker be=
schäftigten sich mit gottesdienstlichen Handlungen im Frater=
hause, Unterricht in Schulen, wissenschaftlichen Studien, Ab=

schreiben von Büchern, die Laien im Hause mit bürgerlichen Gewerben, besonders mit der Bereitung von Pergament. Die Fraterhäuser zu Köln, Münster, Wesel und Herford standen seit dem Vertrage von 1436 in nächster Verbindung zu gegenseitiger Unterstützung; der Rektor des Hauses zu Münster hatte seit 1494 unser Haus zu visitieren. Der Ritter Diedrich von Alten schenkte seinen der Abtei lehnpflichtigen, bei der Lütkenmühle zunächst unterhalb des Einflusses der kleinen Werre in den großen Werrekanal gelegenen Hof Varenkamping dem Priester Konrad Westerwolt aus Osnabrück 1426; dieser errichtete dort eine Verbindung, zunächst von vier, schon 1432 von sechs Geistlichen, um unter seiner Aufsicht gemeinschaftlich ein frommes Leben zu führen, das Fraterhaus auf dem Hollande in der Parochie St. Johannis, auch nach der Tracht der Brüder Kogelhaus genannt, und schenkte die Besitzung denselben durch die Urkunde vom 31. März 1428; durch die päpstliche Bulle vom 8. November 1431 ward die Stiftung genehmigt, so wie auch, falls die Johanniskirche einwillige, eine eigene Kapelle mit drei Altären; dies wurde, mit Genehmigung der Äbtissin, 1436 gestattet unter der Bedingung, daß sich die Seelsorge nur auf die Angehörigen und die kranken Pfleglinge zu erstrecken habe; 1448 war die Kapelle eingeweiht und die Abgaben an die Pfarrkirche festgesetzt. Auch wurde 1462 von der Äbtissin Margarete von Gleichen die Lütkemühle dem Fraterhause verkauft. Nach einer andern höchst unsichern Nachricht soll das Fraterhaus 1406 gestiftet sein, wogegen alle anderen Zeugnisse über Westerwolts Urheberschaft sprechen; nach einer besser beglaubigten Angabe bestand es 1416; in diesem Falle müßte es 1426 von Konrad Westerwolt nach seinem neuen Besitztum übergeführt sein. Es erfreute sich der Gunst des Rates der Stadt und erhielt 1473 Befreiung von den gewöhnlichen bürgerlichen Lasten. Auf Westerwolt waren als Rektoren gefolgt Johann Middendorp aus Münster 1457, Wilhelm Benninck aus Deventer, Johann Nethovel aus Dorsten, Wessel Scharlow von Dorsten, unter dem schon Jakob Montanus eintrat, Andreas Wolfhart aus Lyrop 1504, Bartholomäus Amelius von Vecheln (1510—1528). Unter diesem letztgenannten Pater lebten in dem Konvent mehrere Männer, die nicht bloß durch ihren Eifer für humanistische Studien, sondern auch für religiös sittliche Bildung sich hervorthaten, Gerhard Wieskamp aus Xanten (Viscamp, Gerhardus a Xantis in Luthers Briefen, aber nie nach der viel verbreiteten falschen Schreibung: Wilskamp) später (1528) Rektor, Gerhard Roggel von Roermonde, ebenfalls später (1542) Rektor, Anton Meyer aus Trier, Engelbert Zander aus Embe im Münsterschen, Bernhard Decker aus dem Lüttichschen, vor allem Jakob Montanus.

Jakob Montanus, aus der ehemals zur Grafschaft Eberstein, Speierschen Gebiets (daher Spirensis genannt) gehörigen Stadt Gernsbach stammend, in Deventer unter dem Humanisten Alexander Hegius gebildet, Mitschüler des berühmten Westfalen Hermann Busch, eine Zeitlang bei Rudolf Lange in Münster, war von diesem als Lehrer ins Fraterhaus zu Herford geschickt und 1486 als Konventual aufgenommen und hat hier auch als Beichtvater des Schwesterhauses gewirkt. Das „Süsterhaus auf dem Hollande" (am westlichen Ende der später sog. Petersilienstraße), als Tochterstiftung des Klosters Marienthal zu Eldagsen 1453 gegründet, 4. Nov. 1460 von Papst Pius II. bestätigt, diente zur Aufnahme betagter Witwen und Jungfrauen, die seit 1456 wie

die Schwesterklöster in Lemgo im Kampendal und in Detmold
unter Vorsitz einer „Mutter" oder „Vorstanbersche" mit vor-
geschriebener Kleidung und Tagesordnung nach der Regel des
h. Augustinus lebten, und denen 1462 der Bau einer Ka-
pelle von der Äbtissin erlaubt war, doch ohne Eingriff in die
Neustädter Parochie; auch unter der Bedingung, daß sie eine
Glocke nicht haben durften, vom Kapitel St. Johannis be-
stätigt.

Nicht fortwährend blieb Montanus in Herford; sein Auf-
enthalt 1504, auch 1511 in Münster ist nachweisbar, er
fühlte sich in Herford nicht wohl, wie es heißt, wegen des
unruhigen, störrischen Sinnes der Leute, von 1512 an ist
sein Aufenthalt in Herford mehrfach bezeugt. Unter den Hu-
manisten war er hoch angesehen, mit Murmellius, Pirkheimer,
H. Busch, Horlenius, Tilmann Mulle in Attendorn befreundet,
und ist als Schriftsteller vielfach thätig gewesen. Seine dich-
terischen Schriften theologischen Inhalts kennzeichnen ihn als
gewandten Poeten in der Weise seiner Zeit; die prosaischen
sind großenteils philologischen Inhalts, für die Zwecke des
Unterrichts berechnet und zeugen von guten Kenntnissen der
Stilistik und Synonymik; mehrere von ihnen haben für uns
dadurch ein besonderes Interesse, daß wir aus ihnen sehen,
wie damals die niederdeutsche Mundart in den Schulen sich
ausnahm, in die sich der Oberdeutsche längst hineingelebt
hatte. Wo er sich in eigenen historischen Darstellungen ergeht,
weicht seine Latinität von der klassischen ab, ist er oft schwül-
stig; die bedeutendste, den Brüdern in Marburg gewidmet,
die Lebensbeschreibung der heil. Elisabeth, von 1511, ist
unter den vielen desselben Inhalts eine der besten, enthält
auch einige sonst unbekannte Einzelheiten, die Sprache ist aber

sehr geschraubt, als ob der Gegenstand den noch ganz gläu=
bigen Verfasser seine humanistische Bildung habe vergessen
machen. Wie gesagt, seine praktische Thätigkeit, die sich auch
in der Menge der für die Jugend berechneten Schriften aus=
spricht, war eben so groß wie seine litterarische, wie am
Fraterhause, so am Süsterhause. Aber er wirkte auch als
Lehrer, wie aus der Widmung einer 1521 erschienenen la=
teinischen Schrift an die Schüler im Herfordischen Studenten=
hof erhellt, an dieser Alumnatsschule, welche eine Stiftung
des päpstlichen Protonotars Nanus oder Dwerg war.

Hermann Dwerg aus Herford, vielleicht Sohn des 1360
erwähnten Ratsherrn Johann Dwerch, war, nachdem er in
Köln, Trier, Lübeck geistliche Ämter bekleidet, in Rom Proto=
notarius und Assessor rotä, des höchsten geistlichen Gerichts,
geworden, war auf der Kirchenversammlung zu Konstanz Proto=
notar der deutschen Nation, bei Papst Martin V. hoch ange=
sehen, in dessen Auftrage hat er 1418 die Übertragung des
kurz vorher von Enger herübergeflüchteten Dionyskapitels von
der Neustadt in die Altstadt geleitet, die allerdings schon
1431 wieder rückgängig gemacht wurde. In seinem an vielen
Schenkungen reichen Testamente setzte er 1430 (er ist 14.
Dez. 1430 in Rom bestattet), nach mehreren Bestimmungen
über seine römischen Besitzungen, und außer der Stiftung
einer Herberge zur Heimat auf der Lübberstraße zu Herford,
fest, daß in seiner Vaterstadt im jetzigen Wohnhause seiner
Schwester Frau Joel ein Kollegium für zwölf junge Leute
und einen Rektor derselben eingerichtet würde und sie daselbst
Nahrung und Kleidung erhielten, daß sie täglich die Schule
besuchten und sonntäglich in der St. Johanniskirche als Sän=
ger mitwirkten, der Aufenthalt dürfe für niemanden länger

als vier Jahre dauern, nach deren Ablauf die Schüler mit ihren Zeugnissen nach Köln übergehen und dort aufgenommen werden sollten. Dafür war eine bestimmte Summe ausgesetzt. Gleiche Bestimmungen galten für das von Dwerg in Köln errichtete Kollegium, ebenfalls für zwölf Studenten, in welches nur die in Herford vorgebildeten aufgenommen werden sollten. Alle seine Bücher, hier und da zerstreut, vermachte Dwerg der Münsterkirche, wo sie an sicherem Orte, damit nichts verloren gehe, mit Eisenklammern festzuhalten seien. Das Dwergsche Kollegium sollte nach dem Testament sofort eingerichtet werden, das Baseler Konzil forderte 1434 die Universität Köln auf, die Dwergschen Bücher verabfolgen zu lassen. Wohl vergebens, denn es fehlt jede Spur, daß die Nanische Bibliothek je hier gewesen sei. Aber auch sonst erhoben sich Schwierigkeiten; der Testamentsexekutor Bischof Johannes von Görz hatte die Gelder angegriffen, vollzählig ist die Schuld wohl nie gezahlt. Aber in kleinerem Umfang ist die Stiftung ins Leben getreten, noch gegenwärtig lebt sie und das Kölner Kollegium fort in den sog. Nanischen Stipendien, die teils in Herford, teils in Köln vergeben werden. Das Herforder Kollegium existierte als der sogenannte Studentenhof (curia studentium), und da nach einer Urkunde von 1535 das Wollenweberamt um die Erlaubnis zur Anlage einer Walkmühle an der kleinen Werre zwischen Fraterhaus und Studentenhof einkam und sie 1547 erhielt, diese Walkmühle aber der jetzigen Meierschen Mühle gerade gegenüber am rechten Ufer der kleinen Werre sich befand, so muß der Studentenhof am nördlichen Ende der Hämelinger Straße gelegen haben. Das Kollegium war, wie aus der Testamentsbestimmung über die Bibliothek sich ergiebt, der Münsterkirche

einverleibt, bei deren lateinischer Schule es eine besondere Ab=
teilung bildete, dieser zunächst widmete Montanus seine be=
sondere Aufmerksamkeit, dann aber überhaupt der lateinischen
Schule.

Schon früh stand mit der Münsterkirche eine lateinische
Schule in engster Verbindung, „de gemeyne Schole der Mün=
ster Kerken" genannt; sie war wohl so eingerichtet wie die
Klosterschulen der damaligen Zeit. Wir wissen auch von der
Lokalität nichts, als daß nach der Überlieferung ein Überrest
der alten Schule das sogenannte Waschhaus (jetzt das sog.
Saarmannsche Haus) sei. Es ist vermutet, daß das eigen=
tümliche Bauwerk an der nordöstlichen Ecke des Schiffes der
Münsterkirche, welches den kleinen rechteckigen Turm mit der
Kapitelstube, zu welcher der Aufgang erst von 1819 stammt,
enthält, der Überrest eines größeren Gebäudes sei, welches in
älterer Zeit zur Wohnung der Stiftsdamen gedient habe,
welcher Überrest jetzt Schlafhaus (schon 1463 unter diesem
Namen erwähnt) heißt, der Turm sei zur Ankündigung der
Horen für die Damen bestimmt gewesen. Zugestanden, darf
man indes daraus nicht folgern, das Waschhaus habe noch
in seiner ganzen Ausdehnung mit zum „Schlafhaus" gehört
und es sei das Lokal der Schule weiter nach Norden zu ver=
legen; denn wenn das Konvikthaus an der bezeichneten Stelle
lag, so konnte doch füglich der nördlichste Teil abgeschieden
und als Schulhaus eingerichtet sein, so daß an der Tradition
nicht zu rütteln ist. Es ist auch so das „Waschhaus" nicht
so weit von dem alten städtischen Nebenthor, welches am
Ende der nach Norden führenden Straße den Ausgang nach
dem Walle und nach der Wehdemühle verschloß, entfernt, daß
nicht dies Thor bei der südlichen Ausdehnung des Walles

hätte nach dem Schulgebäude die „Scolenporte" genannt werden dürfen. Diese örtlich somit bestimmte lateinische Schule am Münster erfreute sich früh eines guten Rufes; in das Jahr 1026 fällt eine Nachricht, die den Sohn eines isländischen Häuptlings und späteren Bischof als Zögling dieser Schule bezeichnet, und dann ziehen sich Spuren ihres Fortlebens die Jahrhunderte hindurch fort; wahrscheinlich ging aus dieser Schule hervor der Geschichtschreiber Heinrich von Herford, der früh Herford verließ, um in Minden in den Dominikanerorden zu treten, und dort 1370 starb. Das Lehrerpersonal der lateinischen Schule war nicht groß, sie hatte nur einen Rektor und einen Konrektor, mitunter auch noch zwei Kollaboratoren. Da kam ein neues Leben auch in diese Schule, es beginnt der Sturm des Humanismus auf die Scholastik. Bedeutend war die Wirksamkeit des Montanus auch an dieser Schule, schon zeichnete sich nach des Geschichtschreibers Hamelmann Zeugnis im Sachsenlande Herford durch Pflege der Wissenschaft aus; dem Montanus zur Seite wirkte, von Rudolf von Langen in Münster empfohlen, dessen Mitschüler in Deventer bei Alexander Hegius, Joseph Horlenius aus Siegen, ein bedeutender Gelehrter, Dichter und Lehrer, und als er 1507 nach Münster zurückgekehrt war, folgte ihm im Rektorat der bisherige Konrektor Theodor Rotarius aus Unna, unter dem ebenfalls die Schule sich in gutem Zustande befand. Und ihm ist als Rektor Rudolf Möller gefolgt, der von Osnabrück herüberkommend sich schon 1525 in Herford befand, hier sich mit Eifer der Reformation annahm, deutsche Kirchenlieder singen ließ, wiederholt nach Minden berufen wurde, späterhin noch eine reiche Wirksamkeit entfaltete und als der erste evangelische Schulrektor in Herford zu betrachten ist.

Doch damit sind wir dem Gange der Zeit schon vorangeschritten. Genug, es steht fest, daß längst in Herford ein reges geistiges Leben herrschte; manche Namen von Herfordern finden wir in den Universitätsmatrikeln von Prag, Köln, Erfurt, Frankfurt; Gelehrte befanden sich unter den Mitgliedern des zuerst 1288 erwähnten, reich beschenkten Augustinerklosters, wie unter denen des 1286 zuerst genannten Franziskanerklosters.

Die Sätze Luthers von 1517 waren überraschend schnell in allen deutschen Gauen verbreitet; die Schriften der folgenden Jahre fanden durch reisende Kaufleute auch hierher ihren Weg und Anklang; aber als der erste von allen wandte sich Jakob Montanus dem evangelischen Glauben zu, und zwar schon 1520. Als Landsmann und Freund Melanchthons trat er mit ihm in Briefwechsel, er nahm öfters Gelegenheit, mit dem Pater Rektor Amelius und den gelehrten Konventualen Wieskamp, Decker, Roggel u. a. über die Lehre Luthers sich zu unterhalten, er überzeugte sie von derselben, er trat mit Luther selbst in Briefwechsel. In dem Briefe vom 26. Juli 1523 entschuldigte sich Luther mit seinen vielen Geschäften ob seines wenigen Schreibens, bestätigte des Montanus Meinung, daß das Aufzählen der einzelnen Sünden in der Beichte nicht notwendig sei, meldete ihm als ein gutes Zeichen den Tod der beiden Märtyrer in Brüssel. Der gesamte Konvent hatte sich Montanus angeschlossen, sie fingen an Luthers Lehrsätze öffentlich zu verteidigen und auszubreiten. Der geistliche Oberherr Bischof Erich von Paderborn und Osnabrück, erstaunt über das Umsichgreifen der lutherischen Lehre in seiner Diöcese, lud den Prokurator Heinrich Telgte und Gerhard Wieskamp, als sie auf einer Reise im Schwesterhause in

Paderborn eingekehrt waren, vor sich und hielt sie auf Schloß
Dringenberg fest, bis die Äbtissin Anna von Limburg, von
der das Fraterhaus abhängig war, trotz ihrer dauernden An-
hänglichkeit an den katholischen Glauben und Graf Simon
von der Lippe sich für sie verwandten und ihre Freiheit er-
wirkten gegen eine Strafe von 300 Goldgulden und das Ver-
sprechen, die lutherische Lehre zu verlassen oder neue 1000
Gulden zu bezahlen. Die Konventualen aber erklärten den
Eid für erzwungen und bekannten sich wieder zum Evangelium;
die Lehre Luthers hatte im Fraterhause festen Fuß gefaßt.
Der Bischof lud auch Amelius selbst vor sich zur Verantwor-
tung, er beabsichtigte gegen den ganzen Konvent vorzugehen.
Nach Amelius Tode wurde Wieskamp Pater. Wir haben
lateinische Briefe Luthers an ihn, die auch an Montanus ge-
richtet sind, vom 2. Sept. 1527 (aus der schweren Pestzeit),
1. Jan 1528 (mit Dank für den Trost in seiner tief
schwermütigen Stimmung), 20. Okt. 1528, 28. Mai und
2. Sept. 1529; es herrscht in ihnen ein überaus freund-
schaftlicher Ton, Geschenke gingen von hin und her, Erzeug-
nisse des Fraterhauses von hier, Bücher Luthers von dort;
eine pura et munda lampas in Christo (ein reines und
helles Licht), seinen lampadarius nennt Luther seinen Wies-
kamp. Auch der Briefwechsel mit Montanus, der nach Lu-
thers Ausdruck ein Herz und eine Seele mit Wieskamp war,
dauerte fort, so am 28. Mai 1529; Melanchthon und Bu-
genhagen schickten in diesen Briefen öfters ihre Grüße mit.
Auf ein ganz besonders nahes Verhältnis zwischen Montanus
und Bugenhagen deutet eine kurze Notiz in Hamburger Akten,
wonach jener 1529 vom Rate nach Hamburg berufen, viel-
leicht um Bugenhagen zu unterstützen, ein Geldgeschenk von

15 Gulden erhalten hat; diese uns sonst unbekannte Abwesen-
heit von Herford hat jedenfalls nur sehr kurze Zeit gedauert.
Wegen der Nichtunterwerfung verlangte endlich der Bischof
von Graf Simon 1531 die Kaution ein. Die Brüder ver-
antworteten sich aber 27. März 1531 gegen den Grafen, sie
hätten nichts an den Ceremonien der Kirche geändert, des
Kaisers Befehl hätten sie nicht verletzt, das Evangelium werde
bei ihnen mit Erlaubnis des Bischofs, des herzoglichen Statt-
halters, der Äbtissin und der Stadtobrigkeit gepredigt; ebenso
protestierte Montanus, der seine Wohnung in das Schwester-
haus verlegt hatte. Der Bischof starb 1532, und damit
hörten von katholischer Seite die Behelligungen auf. Die
katholische Äbtissin war froh, wenn sie selbst nicht weiter be-
unruhigt wurde, die Reformation war schon zu weit vor-
gedrungen. Von anderer Seite sollte für die Konventualen
Bedrängnis kommen.

Das Augustinerkloster zu Herford, in älterer Zeit auch
Brüderhaus genannt, sollte eine große Bedeutung für den
Fortgang der Reformation erhalten. Es ist zwar irrig, daß
in den Augustinerklöstern die Lehre des h. Augustinus ge-
herrscht habe, vielmehr war dort der Semipelagianismus all-
gemein verbreitet; aber durch die Pflege der von den Welt-
geistlichen vernachlässigten Predigt haben sie der Reformation
vorgearbeitet. Eine Reform der Klöster war öfters für not-
wendig erkannt, auf dem Kapitel zu Osnabrück 1457 war
auch die Reformation des Konvents zu Herford beschlossen
und von diesem auch angenommen. Der Provinzial der
sächsisch-thüringischen Provinz, Gerhard Hecker, erhielt noch vor
Luthers Abreise nach Augsburg vom Ordensgeneral Gabriel
Venetus den Befehl, Luther bei Strafe des Verlustes aller

Grade, Würden und Ämter ergreifen zu laffen und an Hän=
den und Füßen gefeffelt in ficherem Gewahrfam zu halten,
und alle Auguftiner wurden aufgefordert, Gerhard Hecker in
feinem Vorhaben zu unterftützen. Hecker ift nicht mit Luther
zufammen in Erfurt, ift nicht fein Lehrer gewefen, er war
öfters Provinzial, 1500, 1503, 1514, 1518, 1519, abwech=
felnd mit dem Roftocker Dr. theol. Hermann Dreier aus
Lemgo, der 1486, 1487, 1491, 1499, 1503, 1511 dies
Amt bekleidet hat. Nach dem Tage von Worms wurde
Hecker für Luther eingenommen, trat mit ihm in Briefwechfel,
wie der noch erhaltene Brief Luthers an ihn vom 13. April
1529 bezeugt. Seine Schüler haben für deffen Lehre ge=
wirkt, fo Liborius Miffing im Dom zu Osnabrück, Johann
Pollius aus Bielefeld als Rektor der Domfchule und von da
vertrieben im Tecklenburgifchen und als Gründer der lutheri=
fchen Kirche zu Rheda. Durch ihn auch wurde der Lehre
Luthers zugeneigt der Auguftinermönch zu Herford Johann
Dreier aus Lemgo, Sohn des Ratsherrn Bernhard Dreier zu
Lemgo und Neffe des Hermann Dreier, gelehrt und fehr be=
redt. Sein Prior Gottfchalk Kropp aus Bega war fchon nach
Wittenberg gegangen, dort fchon 17. Okt. 1521 Licentiat,
28. Nov. 1522 Magifter, 3. Febr. 1523 Dr. theol. ge=
geworden, er und Johann Dreier, der erft nach feines Oheims
Tode 1524 fich öffentlich zu bekennen wagte, wirkten auf die
Mitbrüder ein, Gottfchalk Kropp ging 1525 nach Eimbeck,
wurde 1529 Prediger und ftarb dafelbft 1546 als Super=
intendent; der größte Teil der Ordensgeiftlichen trat fchon
damals aus; ob unter ihnen der durch feine großartige
organifatorifche Thätigkeit fpäter fo bekannt gewordene Anton
Corvinus aus Warburg fich befunden habe, eine Anficht,

welche mit Entschiedenheit Rosenkranz gegen alle andern Be-
hauptungen vertreten hat, muß bei der Unkenntnis seiner
Gründe unentschieden bleiben. Nikolaus Wevel begab sich
nach Hannover und ward Prediger an der Kreuzkirche. Dreier
war unermüdlich thätig. Da er, wie Montanus, als der
eigentliche Begründer der evangelischen Lehre in Herford an-
gesehen werden muß, so geziemt es sich, alles, was diese seine
Wirksamkeit berührt, zu erwähnen. Da ist es nun inter-
essant, daß, während schon vor 300 Jahren der Geschicht-
schreiber Hamelmann und alle, die nach ihm über Dreier ge-
sprochen haben, von keinem andern literarischen Werke Dreiers
etwas wissen, als von seiner Kirchenordnung, sich noch in
einem Sammelbande der Kirchenbibliothek zu Calbe a. d.
Milde eine kleinere Schrift (38 Blätter 8) von Dreier be-
findet,*) worin er sich selbst als Prädikant bezeichnet, datiert
Hervorde am XVI. Dage des Hornung 1528; sie ist also
erschienen, ehe die Bewegung in Herford zum vollständigen
Durchbruch gekommen war, beweist aber, daß Dreier als
unerschrockener Kämpfer sich bereits weithin einen Namen er-
worben hatte. Es hatte nämlich der Rat der Stadt Braun-
schweig auch mündlich Dreier eingeladen, bei ihnen zu predigen;
aber da ihn sein Amt daran hinderte, so schickte er ihnen,
hauptsächlich auch als Bollwerk gegen die falschen Propheten,
welche Menschen Wort statt Gottes Wort verkaufen und die
auch in seiner Nähe viel Unheil verbreitet haben, eine Unter-
weisung, in der er besonders hervorhebt die Bedeutung des
Evangeliums für die sündige und verzweifelnde Menschheit
und sein Verhältnis zum Gesetz, betitelt: Eine korte under-

---

*) worauf ich in der Allg. deutschen Biogr. 5, 394 aufmerksam
gemacht habe.

wysunge von deme heylsame worde Goddes sampt syner krafft
und eyne hantwysunge yme de hylgen schrifft darbeneven eyn
summe eynes wahrhafftigen rechten Christliken levendes an
eynen Erbarn Radt unde gantze gemeyne der löffliken Stadt
Brunswygk geschreven. Das Ganze ist in 14 Kapitel geteilt
(1. Wat Goddes wort sy u. s. w.), von denen das 10.
wichtig ist: De tuchnisse des wordes Godes ys de hylge schrifft.
Die Abhandlung ist durchaus in biblischem Sinne in rein
evangelischer Weise gehalten und reich an Beweisstellen aus
der Bibel, die Citate stimmen nicht immer wörtlich mit der
Lutherschen Übersetzung; sie soll sein eine Anweisung vom
Worte Gottes, was es sei und wie wir an dasselbe gelangen,
was es in uns wirket, wodurch die jungen Christen begehrend
seien sich damit zu trösten und zu erquicken. Er citiert auch
Aristoteles, er sagt von ihm: welder lyder ynn hogen scholen
is ein uthlegger des wordes Goddes. Ohne alles Verdienst,
sagt er, aus lauter Gnade kommt die Seligkeit; „das achten
freilich de wysen vor Thorheit, de hylligen yn eren werden
schelten es Ketzerei." Der nicht angegebene Druckort ist wahr-
scheinlich Wittenberg bei Joh. Kluck. — Für das Leben Dreiers
ist übrigens die Folgerung sehr berechtigt, daß er selbst vor-
her in Braunschweig gewesen und eben dort Bugenhagens
Freundschaft sich erworben habe, zumal dieser nach der Vor-
rede zur Herfordischen Agende ihn als einen lieben Bekannten
bezeichnet. Nach und nach wurde das Ordenshaus immer
leerer. 1530 hatte Dreier sein Ordensgewand abgelegt. Die
letzten Glieder waren der Prior Johann Garz, der Proku-
rator Johann Lübberazen und die Konventualen Henrich Hal-
tern, Konrad Meyer und Arnd Pleuger; im Namen der
Genossenschaft übergaben die drei erstgenannten 1540 das

Kloster der Äbtissin und dem Rat zur Einrichtung einer höheren Schule und sind somit Urheber des Gymnasiums geworden. — Auch weiterhin gewann die Lehre Luthers immer mehr Anhänger. Den Augustinern folgten die Franziskaner oder Grauen Mönche; die Messe wurde abgeschafft, die beiden letzten Guardiane Johann Christian und Albert Lonicerus (Gießenbier) traten aus, die Konventualen folgten ihrem Beispiel; Johann Christian (auch Carstian, Casting, Käsling genannt) wurde Pastor Sekundarius am Münster, Pfarrer in Salzuflen, 1550 an die St. Marienkirche zu Lemgo berufen, starb 1558; Albert Lonicerus wurde Prediger am Münster; aus dem Kloster wurde ein Armenhaus. — Durch Montanus Einfluß gewonnen traten die Schwestern des Süsterhauses über; neue Bewohnerinnen wurden nicht mehr aufgenommen. Nachdem 1560 aus einem Nebengebäude bei Johann Möllers Hause die zweite deutsche Kirchspielsschule gebildet war, traten die letzte Mater Anna Dreier und die Schwestern Anna Wesseling und Anna Lindemann 1571 das Haus dem Kapitel auf der Neustadt ab, welches 1579 um den Kaufpreis von 450 Thalern von der Äbtissin Felicitas von Eberstein damit belehnt wurde; so wurden darin zwei Kapitularwohnungen eingerichtet; die Kapelle ist 1742 abgebrochen.

Anders stellten sich die Verhältnisse bei dem seit 1414 in Herford bei der Johanniskirche angesiedelten Kapitel St. Dionysii und Johannis, welches sich in seiner reichen Ausstattung bedroht scheinen und auf die freundschaftliche Gesinnung der Äbtissin Anna von Limburg rechnen konnte. Es bestand aus zwölf Kanonikern und einigen Vicarii und Benefiziati, unter einem Dechanten, es war bis dahin in drei Klassen geteilt: 4 Presbyteri, 4 Diaconi, 4 Subdiaconi, früher hatte es auch einen Scholasticus und einen Thesaurarius. Der alte Dechant Konrad Wicht, zugleich Pfarrherr zu Stift Berg, dort aber durch einen Vikar Albert Tillich Sinekink vertreten, war der Kirchenverbesserung abhold, aber als er 1527 gestorben war, wurde der Abkömmling eines altadeligen Geschlechts, Johann von Gresten, sein Nachfolger (— 1559), ein sehr gemäßigter Mann, und da das Fortbestehen des Kapitels zugesichert wurde, so brachte er es im Verein mit dem Kanonikus Henrich Stackelbeck dahin, daß das Dionyskapitel der Fortentwicklung der Reformation in der Stadt nicht in den Weg trat; wir stoßen nachher nur im 17. Jahrhundert auf einen katholischen Dechanten (Dr. Arnold Jodocus Isfording 1674—1693).

Schon war die Gesamtbürgerschaft für die Reformation gewonnen; ein Bürgerausschuß von neun Männern trat zusammen zur Verwaltung der Klostergüter, die Einführung der neuen Lehre überall schien keine Schwierigkeiten mehr zu bereiten; unter den Bürgern war besonders eifrig Heinrich Potgeter. Die Bürgermeister der Neustadt (sie hatte bis 1643 ihren eigenen Rat) Arndt Wulfert und Heinrich Heitmann waren der Reformation geneigt, ebenso auf der Altstadt Johann von Rintelen, während der altersschwache, mit der Abtissin befreundete und von ihr reich beschenkte Wessel Hanebom schwankte. Die Abtissin Anna von Limburg (1523—1565) hing dem Alten an; ihr Freund Bischof Erich hatte ihr ungeschickte Hülfe bewiesen und gerade sein Benehmen die Reformation gefördert. Sie wurde zuerst auf der Neustadt in der St. Johanniskirche eingeführt. Als schon im Dionyskapitel die reformfreundliche Partei überwog, wollte der Neustädter Prediger Gorgonius Hoyer sich die Messe nicht nehmen lassen. Da wurde er abgesetzt, an seine Stelle trat Johann

Blomberg, den das Fraterhaus zwei Jahre lang in Witten-
berg hatte studieren lassen. Er wurde am Feste St. Mariä
Himmelfahrt 1530 eingeführt; als sich viel Volkes zum Al-
tare drängte, wollte ein Ratsdiener mit seinem Stabe Ord-
nung schaffen; er wurde hart getroffen; das gab Unruhen.
Man hielt die Kirche für entweiht; der katholische Teil des
Kapitels wandte sich an den päpstlichen Legaten Laurentius
Campegius, der in Köln war; in einem Schreiben vom Ja-
nuar 1531 erklärte er, die Kirche sei nicht entweiht. Aber
ein Rats- und Bürgerbeschluß vom Sonnntag nach Ostern
1530 hatte schon die neue Kirchenordnung bestätigt; die Kirche
war eine lutherische Kirche. Da die Kirchenordnung von 1532
auch für die Wochentage Predigten wünschte, drang sie auf
Anstellung eines zweiten Predigers, doch ohne Erfolg. Jo-
hann Blomberg stand sich mit dem Kapitel und dem Frater-
hause gut. Sein Nachfolger 1534, Jodocus Detering, war
streitlustiger, er kam in Zwist mit den Fratres, er eiferte
gegen die Bilder in der Kirche, gegen die kanonische Ver-
fassung und die lateinischen Psalmen- und Hymnengesänge der
Kapitelherren, welche diese bei dem Übertritt beizubehalten
sich ausbedungen hatten.

Die Radewicher St. Jakobikirche, welche noch 1514 in
der Bulle Papst Julius II. als ecclesia non parochialis,
sed capella sine cura bezeichnet ist, wurde von den zahl-
reichen nach St. Jago di Compostella in Spanien durch-
ziehenden Pilgerscharen stark besucht; sie benutzten hier die
Pilgerherberge zur h. Gertrudis in der Komthurstraße, welche
beim Eingang mit zwei Jakobuspilgerbildsäulen geschmückt war;
nach Aufhebung dieser Herberge 1545 durch den Rat mit
Zuziehung der Äbtissin und Übertragung an die Neustädter

Pfarrei wurden die Bildsäulen neben dem Neustädter Rat=
hause vor der wahrscheinlich von Hermann Dwerch gestifteten
Herberge angebracht. Bei dem starken Pilgerzuge nach der
Jakobikirche und der wachsenden Abneigung der Bürgerschaft
gegen die Wallfahrten fielen Unruhen vor, die den Rat 1530
zur Schließung der Kirche veranlaßten; 1590 wurde sie durch
die Fürsorge des Bürgermeisters Anton Braullacht hergestellt
und erhielt ihren ersten evangelischen Pfarrer Heinrich Bincke
(so schreibt er sich selbst), doch erst 1610 volle Parochialrechte.

1530 konnte die lutherische Kirche in Herford als fest=
gegründet angesehen werden. Schon vor Aschermittwoch 1530
schrieb Johann Bugenhagen an den Prediger L. Cordatus in
Zwickau: „Wir haben lauter Wunder, gebe Gott! nicht un=
dankbar. In diesem einen Winter haben folgende Städte
das Evangelium angenommen: Zuerst Eimbeck, dann Göt=
tingen, drittens die Stadt Minden u. s. w., viertens die
Stadt Herford in Westfalen, wo bisher die Prediger des
Evangeliums nichts als den Tod erwarteten, auch selbst Goslar,
welches dagegen tobte, neigt sich zum Bessern. Diese alle
sind freie Städte. Gott wolle, wie wir ihn darum bitten,
Arbeiter in seine Ernte senden und die verderbliche Pest der
Sakramentierer und Wiedertäufer abwenden!"

Die Bürgerschaft verlangte nun auch Einführung der
Reformation in der Münsterkirche; die Äbtissin Anna war
dagegen. Vikarien am Münster waren Hermann Engelking,
Hermann Kotfleisch, Gotthard Schmidt, der Schulrektor Ru=
dolf Möller. Der erste Pastor Engelking war eifriger Gegner
der neuen Lehre. Als Möller in evangelischem Sinne ge=
predigt, auch deutsche Lieder hatte singen lassen, verklagte ihn
die Äbtissin beim Bischof Erich. Die Folge war, daß Engel=

king an Zuhörern verlor, und um nicht weiter die Sache
kommen zu lassen, verschloß die Äbtissin der evangelischen
Predigt die Kirche. Man wußte sich zu helfen. Auf dem
Kirchhofe, in der Mitte, an der östlichen Seite, rechter Hand,
wenn man vom Markte nach der großen Thür geht, stand ein
steinerner Leuchter, eine Säule, genannt „dat hilge Cruce in
dem Münster tho Hervorde" (1808 abgebrochen), eine stei=
nerne von innen ersteigbare Treppe mit eisernem Geländer
führte nach oben, wo unter einer Überdachung sich Leuchter
befanden, für die dort anzubringenden Lichter waren manche
Einkünfte geschenkt; solche Leuchter dienten bei Leichenpredigten,
ein ähnlicher mit dem Smakepeperschen Wappen stand auf
dem Neustädter Kirchhofe. Von diesem Leuchter herab pre=
digten Dreier und Möller im Freien vor vielem Volke. Da
gab endlich die Äbtissin auf Mahnung des Rates und auf
Zureden des Kanonikus Hermann Stackelbeck zu, daß deutsche
Lieder in der Kirche von der Gemeinde gesungen werden
durften, z. B. Es wolle Gott uns gnädig sein, Erbarm dich
meiner, Aus tiefer Not. Gleichwohl blieb den evangelischen
Prädikanten die Kirche noch immer verschlossen, noch immer
war der Gottesdienst im Innern wenig, der auf dem Kirch=
hofe zahlreich besucht. Dreier hatte inzwischen das Mönchs=
kleid abgelegt, war in Wittenberg gewesen, sein Mut war
gehoben, als er heimkehrte. Der Rat drang vergebens in
die Äbtissin die Kirche zu öffnen, da wandte er sich in feier=
lichem Aufzuge vom Markte nach der Abtei, ihr kräftige Vor=
stellungen zu machen; als die Äbtissin, so berichtet die Tra=
dition, in dem Zuge den Scharfrichter Hans Muth in seinem
roten Kleide, den Degen an der Seite erblickte, und obschon
hundert Jahre später wieder ein Scharfrichter gleiches Namens

erwähnt wird, ist darum kein Grund an der Überlieferung zu zweifeln, da ergriff sie große Angst, sie floh durch den Garten nach ihrem Gute Sundern und blieb dort längere Zeit, lebenslang hat sie davon ein „tremulum caput" besessen. Durch Ratsdiener wurde die Kirche geöffnet, Dreier wurde zum ersten evangelischen Prediger am Münster ernannt, der Konventual des Fraterhauses, Anton Meyer, ihm zum Gehülfen gegeben, einen zweiten Gehülfen forderte Dreier vergebens. Möller war inzwischen 1530 zur Gründung der Schule nach Minden berufen; schon 1531 zurückgekehrt begab er sich 1532 noch einmal nach Minden, kam aber 1534 wieder und reiste nach Wittenberg, um Luthers Rat wegen der Güter des Fraterhauses einzuziehen, von da an hat seine weitere Wirksamkeit nichts mehr mit Herford zu thun.

Von dieser Zeit an hielt sich der Rat zur Münsterkirche und verließ die enge Nikolaikirche am alten Markt, die bald Kapelle bald Kirche genannt wird und einen eigenen Plebanus hatte; sie hatte zur Anhörung der Messe vor den Beratungen dem Rate gedient, der sich von da zum Rathause begab. Die Kirche ging ein; als nach dem Brande von 1546 nur der Turm restauriert wurde, welcher von da an lange Zeit den Stadtmusicis als Spielturm diente, wurde die Kirche ganz mit Bürgerhäusern überbaut; von allen Erinnerungen ist seit dem Abbruch des Spielturms im Jahre 1850 nur noch der Kopf vom Standbilde des h. Nikolaus erhalten.

Die jetzige katholische Kirche ist die schon im 13. Jahrhundert erwähnte Malteser Commenda oder des Johanniterordenshauses, die kleine Kapelle 1715 erweitert; nach ihrer Aufhebung 1808 ist sie unter der Fremdherrschaft in die Kirche und Pfarrei verwandelt. Für die katholischen Einwohner wurde

der Gottesdienst durch einen von den Ordensrittern unter-
haltenen Bielefelder Franziskaner besorgt.

Wann an der Marienkirche zu Stift Berg die Reformation
durchgedrungen sei, wissen wir nicht, nur daß es nicht gleich-
zeitig mit der Münsterkirche geschehen sei; im Gegenteil, es
klagte Dreier in seiner Agende, daß die Anhänger des Alten
noch ihren Zug nach dem Berge hätten und nach alter Weise
ihren Gottesdienst dort hielten, er klagt über die Nachlässigkeit
der Obrigkeit; erst 1548 wird als evangelischer Prediger
Johann Hortensius (Johann then Hoven) genannt, den die
Abtissin Anna, die also später freundlicher gesinnt gewesen sein
muß, selbst ernannt hat.

So wie nun die ganze Stadt dem Evangelium gewonnen
war, erhielt Dreier vom Rat den Auftrag, „um eine gute
Eintracht in der Lehre und den Gebräuchen zu erhalten, auch
daß in der Kirche alles ehrlich und ordentlich geschehen möge,"
eine Agende unter Zuziehung der vom Rat Verordneten und
der Prädikanten zu entwerfen. Sie wurde mit Zugrunde-
legung der Braunschweigischen Kirchenordnung ausgearbeitet,
einstimmig vom Rat und Bürgerschaft auf dem Rathause an-
genommen, am Sonntag Quasimodogeniti 7. April 1532 im
Münster den versammelten Gemeinden der Altstadt und Neu-
stadt zur Nachachtung vorgelesen und das Tedeum gesungen,
und danach nun das ganze Kirchenwesen nach den in der
Agende bis ins einzelnste eingehenden Bestimmungen gestaltet.
Sie wurde zu Wittenberg gedruckt 1534 (bei Joh. Kluck),
voran eine empfehlende, aber besonders die ärmliche Besoldung
der Geistlichen beklagende Vorrede Bugenhagens, datiert
Wittenberg 1533 des Mandages nach Laurentii. Am Ende
des 16. Jahrhunderts kannte Hamelmann sie noch; aber die

Geschichte ihres Gebrauchs erklärt es, daß sie äußerst selten
wurde; schon im Anfange des 18. Jahrhunderts konnten die
fleißigsten Agendensammler sie nicht mehr auffinden, Jacobson
kannte nur die wenigen bekannt gewordenen Bruchstücke und
nannte sie verschwunden. Erst jüngst ist sie wieder ans
Tageslicht getreten. Es ist das Verdienst eines katholischen
Gelehrten, Cornelius,*) auf ihr Dasein hingewiesen zu haben.
Es befindet sich ein Exemplar auf der Stadtbibliothek zu
Hannover in einem Sammelbande Nr. 37: Ordinatio eccle-
siae Gottingensis 1531, Brunsvicensis 1528, Hervor-
densis. Nach seiner Aufzeichnung kaufte das Buch 1534
Georg Scarabäus, der erste lutherische Pfarrer an der St.
Jakobi- und Georgienkirche zu Hannover, dessen große Bibliothek
in den Besitz der Stadt überging. Außer den drei Kirchen-
ordnungen enthält der Band dat Dopböleschen verdüdetschet
up dat nige thogericht durch M. Luther (1529), auch einige
Blätter mit handschriftlich aufgezeichneten, teilweise mit Noten
versehenen Gebeten; die Herforder Kirchenordnung enthält
38 Blätter klein 8, auf der Seite 33 Zeilen. Die Selten-
heit des Buches, seine Bedeutung für die Kulturgeschichte
unserer Stadt, wie für die Kirchen- und Schulgeschichte, die
Wichtigkeit selbst für die Kenntnis der niederdeutschen Sprache
ließ es wünschenswert erscheinen, im Anhang den ersten Neu-
druck seit 1534, hinzuzufügen.

Die Äbtissin war bei der Einführung der Reformation
nicht befragt. Unwillig wandte sie sich an den Schirmherrn,
den Reichsvogt Herzog Johann von Cleve, als derselbe zu
Bielefeld auf dem Sparenberge war. Der Herzog war selbst
der Reform der Kirche zugethan, aber nicht in der Weise

---

*) Geschichte des Münsterschen Aufruhrs II, 103.

Luthers, sondern in dem vermittelnden Sinne des Erasmus
von Rotterdam, die sogenannte Erasmische Agende, welche von
Luther entschieden verworfen wurde, hatte er in seinen Landen
eingeführt. Er citierte nun Dreier nach Bielefeld. Aus Be-
sorgnis wegen mancher in dortigen Gegenden infolge der
wiedertäuferischen Bewegung entstandenen Gefahren erschien
dieser nicht, obschon der Herzog wie der Bürgermeister Johann
von Rintelen ihm freies Geleit zusicherten. Da befahl der
Herzog Abschaffung der Dreierschen und Einführung der 1533
verbesserten Erasmischen Agende. Der Rat mußte sich fügen,
der Reformator Urbanus Rhegius erließ deshalb von Celle
aus an den Rat eine ernste Rüge ob dieses Kleinmuts. Als
der Herzog nach Düsseldorf heimgekehrt war, wurde die
Dreiersche Agende wieder eingeführt. Aber sie ist bald nach-
her durch die braunschweigisch-lüneburgische ersetzt worden, und
das ist der Grund, daß sie schon früh selten wurde.

Die Vorrede Bugenhagens klagt über die auch für die
damaligen Verhältnisse höchst geringe, ganz schwankende Be-
soldung der Prediger zu Herford. Wie hier helfen? Auf
einzelne sich zu verlassen war unmöglich. Wie aus den ein-
gegangenen Klöstern, aus den zu jetzt nicht mehr üblichen
Zwecken vorhandenen Einkünften der Kirchen Hülfe für die
neu erstandenen Bedürfnisse geholt wurde, so wurde auch hier
verfahren. Jene erwähnte, 1528 ernannte Kommission der
Neunmänner für die verständige Verwendung der Klostergüter
und Pfründen hatte eben jetzt ihr Geschäft beendet, sie war
mit Besonnenheit ohne gewaltsame Eingriffe vorgegangen,
neue Konventualen wurden nicht angenommen, die Kloster-
geistlichen entweder als Pfarrer angestellt oder auf gütlichem
Wege abgefunden unter Beratung des Rates mit der Äb-

tiffin, wo dies notwendig war. So war das leere Franzis-
kanerkloster, nachdem alle Mönche mit ihrer Zustimmung an-
gestellt waren, zu einem Armenhause umgeschaffen. Der Kaland
an der Münsterkirche oder die Brüderschaft der h. Dreifaltig-
keit, „de Broderschap der hilligen Drivoldicheit byner Her-
vorden" (unter ihnen 1499 Hermann Strobuck), mit der
Kapelle St. Trinitatis in der südwestlichen Ecke des Münsters,
1369 gegründet, 1486 erneuert und von der Äbtissin Anna
von Hunoltstein bestätigt, ging auch hier, wie überall, denn
die Kalande waren weithin namentlich in den Ortschaften des
alten Sachsenlandes verbreitet, aus der Sitte der Priester eines
bestimmten Bezirks hervor, am ersten jedes Monats (Kalen-
dae) zur Beratung ihres Amtes und zugleich zum Gottesdienste
und gemeinsamen Mahle zusammenzukommen; ihr Zweck war
brüderliche Freundschaft, gegenseitige Unterstützung, Sorge für
das Seelenheil sowohl der Lebenden wie der Toten durch
gemeinsame Teilnahme an gewissen Messen, feierliche Be-
stattung, Gebete, Memorien und Vigilien, Spenden an Arme
und nach deutscher Sitte am Ende jeder Versammlung ein
gemeinsamer Schmaus, welcher gegen Ende des Mittelalters
so sehr zur Hauptsache geworden war, daß die Kalande in
schlechten Ruf kamen und der Ausdruck „kalandern" üblich
wurde zur Bezeichnung wüster Schwelgerei. Ursprünglich aus
90, bestand jetzt der Herforder Kaland aus 40 Priestern,
und da die gottesdienstliche Beschäftigung jetzt zu Ende ging,
so beantragte der Rat seine Auflösung, der Bürgermeister von
Rinteln nahm die Schlüssel zu den Siegeln und den
Zehnten, Einkünften u. a. in Beschlag. Man hatte lange
verhandelt, bis 1534 unter Zutritt der Äbtissin Anna der
Vertrag zwischen Rat und Kaland zustande kam, daß die Zahl

der Priester fortan aus 20 bestehe, daß nach dem Absterben eines Kalandpriesters in seine Stelle ein hiesiger Bürgersohn, der die Schule besuche, gewählt würde, ohne andere Bedingung, als daß er die zum Studium nötigen Anlagen besitze, und daß so fortgefahren werde, bis alle 20 Stellen mit Schul= knaben besetzt seien, daß diese dann die Einkünfte der Priester während der Schulzeit genießen sollten. Und so bestand der Kaland seitdem fort, dessen Einkünfte aus Zehnten der um= liegenden Bauerschaften u. a. bei der Aufhebung 1816 im ganzen 315 Thaler betrugen; indem diese nun dem Gym= nasium überwiesen wurden, ist im Sinne des alten Vergleichs verfahren. In ähnlicher Weise erging es den Benefizien der anderen Kapellen, wie z. B. die Winand Beckersche Stiftung an der St. Antoniuskapelle ebenfalls zu Schulzwecken gebraucht wurde und einige Jahre nach Aufhebung der Abtei dem Gym= nasium überwiesen ist.

Anders stand es mit dem Fraterhause. Es stand mit Wittenberg in enger Verbindung, von dort gingen Erzeugnisse der Industrie des Fraterhauses in Luthers Haushalt, von hier kamen als Gegengeschenke die neusten Arbeiten Luthers; Ger= hard Wieskamp, der körperlich schwache, geistig regsame Mann, heißt in Luthers Briefen Lichtträger (lampadarius) auch im eigentlichen Sinn, die Herforder Lichter gebrauchten gern Luther und seine Käthe, wie derselbe in einem lateinischen Briefe vom 20. Oktober 1528, worin er ihm den Tod seiner Tochter Elisabeth meldet, schreibt, zugleich bedauernd, daß er ihm wegen fehlender Exemplare nicht den eben erschienenen deutschen Jesaias schicken könne, auch Jakob Montanus grüßend; die empfohlenen Studenten nahm Luther in seine besondere Obhut. Mit den Brüdern des gemeinsamen Lebens verhielt es sich ganz anders, als mit den Klerikern. Sie brachten, auch die Laien, ihr Vermögen mit in die Gemeinschaft, sie arbeiteten fleißig. Trotzdem richteten aber die Neunmänner ihr Augenmerk auf sie, sie trugen auf Aufhebung des Frater= hauses an, das abgesonderte Zusammenleben in der geistlichen Tracht der Kogelbrüder sei nicht vereinbar mit der evangelischen Lehre. Die Not der Zeit kam ihrem Angriff zu Hülfe; Johann Dreier konnte von seiner geringen Besoldung, die schon Bugenhagen tadelte, nicht leben, auch er verlangte im Bunde mit den Neunmännern die Einziehung der Güter. „Wo man Ordinanzen (so hießen die Kirchenordnungen) macht, da wird kein Frater= noch Schwesterhaus geduldet." Er rügte es besonders, daß das nicht eine Zusammenkunft in biblischem Sinne zur Abendmahlsfeier sei, wenn sie sich abgesondert im Fraterhause und Süsterhause versammelten, das sei der Rotten und Sekten Art. Die Fratres blieben aber im Kloster, sie beriefen sich darauf, daß ihre Vereinigung nur äußere Ähn= lichkeit mit einem Kloster habe. Die Anfeindung dauerte fort, ihre Güter sollten verzeichnet, den ausgetretenen Brüdern das mitgebrachte Gut herausgegeben, die Zahl der Mitglieder verringert werden, sie sollten kein eigenes Kirchspiel bilden, sie sollten eine ordentliche Schule errichten. Als sie nun einen neuen Lehrer holten, schmähte man öffentlich gegen sie. Wieder= holt wurden sie des öffentlichen Verkehrs beraubt, auf ihr Haus beschränkt. Sie beriefen sich der Wahrheit gemäß darauf, daß sie den Johann Blomberg (auch nachher als Prediger) unterhalten und ihr stilles arbeitsames Leben fort= geführt hätten. Die Äbtissin, deren Gerichtsbarkeit sie an= gehörten, weigerte sich, dem Entwurf der Neunmänner ihre Zustimmung zu geben und schrieb deshalb an Luther, und

3

Wieskamp und Montanus schickten an ihn ihr Glaubens=
bekenntnis mit einer Schilderung ihrer Lebensweise und Be-
drängnis. Luther schrieb eigenhändig 31. Januar 1532 zurück:
„Ich Martin Luther bekenne mit dieser meiner Hand, daß ich
nichts Unchristliches in diesem Buche finde; wollte Gott, daß
die Klöster alle so ernstlich Gottes Wort wollen lehren und
halten."

Zugleich schrieb er, so kopfleidend er auch damals war:
„Den Ehrsamen und Weisen Herrn Bürgermeister und Rath
der Stadt Hervord in Westfahlen. Meinen günstigen Herrn
und Freunden Gnade und Friede in Christo, Ehrsame, Weise,
Liebe Herren. Es ist an mich gelangt, wo man die Süsters
und die im Fraterhause nötigen will, ihren Stand und Klöster
zu verlassen, und sich in des Pfarrherrn und Prediger mei=
nunge begeben sollen. Nun wisset ihr ohne Zweifel, daß un=
nötige Verneuerungen, sonderlich in göttlichen sachen, sehr
gefährlich sind, weil die Herren und Großen ohn Ursach damit
bewegt werden, zu welcher Ruhe und Frieden doch alles
dienen soll und weichen. Weil nun die Fratres und Schwestern,
die bei euch das Evangelion ernstlich angefangen, ein erbarlich
leben führen, und eine ehrliche züchtige gemeine haben, dar-
neben das reine Wort treulich lehren und halten, ist meine
freundliche Bitte, E. W. wollen nicht gestatten, daß ihnen
unruh und erbitterunge um dieser Sache willen widerfahre,
daß sie noch geistliche Kleider tragen, und alte lobliche gewohn=
heit, so nicht widers Evangelion sind, halten. Denn solche
Klöster und Brüderhäuser mir aus der Maßen gefallen.
Wollte Gott, alle Klöster wären also, so wäre allen Pfarr=
herrn, Städten und Landen wohl geholfen und gerathen.
Versehe mich, E. W. wird sich· hierin christlich und ehrbarlich

wissen zu halten, angesehen, daß sie weder dem Pfarrherrn noch dem Kirchspiel schädlich, sondern fast nützlich und besserlich sind. Hiemit Gott befohlen." Der Brief ist von ult. Januar, und von demselben Tage ist der lateinische Brief an Montanus und Wieskamp, der sie von jenem Schreiben in Kenntnis setzt, guten Erfolg hofft, sowie ihre bisherige Lebensweise lobt.

Am 22. April schrieb er durch Melanchthon ferner an die Abtissin: „Gnade und Friede durch unsern Herrn Jesum Christum. Hochwürdig Gnädige Frau. Wir haben unser Bedencken denen würdigen Herren, denen Fratribus zu Hervord zugestellet, darin wir mit höchstem Fleiß geschrieben und geratten haben, daß die Stadt nicht in fremde Obrigkeit greiffen oder Gewalt üben soll. Dazu haben wir geschrieben, daß die Fratres mögen ein eigen Pfarr haben und behalten, wie E. G. aus unsern Schriften allenthalben vernehmen werden. Wir bitten aber hiermit E. G. wolle als die Obrigkeit und die geneigt ist Gottes Lob und Ehre zu befördern, auf beyden Seiten zu Frieden helfen. E. G. zu dienen, sind wir allezeit gut willig. Dat. Wittenberg, postridie Dominicae Jubilata a. 1532." S. G. williger Martinus Luther. Aufschrift: Der Hochwürdigen Edlen und Wohlgebohrenen Domina Anna von Lymborch 2c. Abbatissa, Unser gnädiger Dominae.

Ein begütigendes Schreiben erließen am 22. April Luther und Melanchthon an die Kommissarien der Stadt: „Ehrsame weise günstige Freunde. Wir haben eure Schriften empfangen und mit Vleiß gelesen und bewogen, haben auch eure Gesandten gehört, welche nach der Länge angezeigt haben, aus welchen Ursachen bei euch bedacht würde, daß die Fratres keine

3*

eigene communio haben sollen. Dabei haben sie angezeigt, daß nicht der Prädikanten und Stadt Gemüth sey, zu handeln, daß die Fratres ihre Wohnung und habitum verlassen sollen. Wo nun ihr die Sache freundlich und ohne Zwang, Bedrowung oder gewaltsame Handlung dahin richten köntet, daß sie zu ewr und gantzen stadt communio auch gehen wolden, wäre es fein und wohlgethan, und brächte eine gut Exempel auch bei vielen andern: wie wir den ihnen auch geschrieben haben, doch so fern, daß ihr sie auch in ihrer Wohnung, Gütern und administratio unverhindert lasset, und darin habt ihr kein Recht sie zu irren. Wo aber die Fratres ihr eigen communio behalden wolden, und sich durch freundliche Haltung nicht zu ewr communio begeben, ist unser Bedencken, daß ihr sie in keinem wege dringen oder zwingen solt, ihre communio zu verlassen, dieweil sie sie doch nicht halten dem evangelio entgegen. Den das ist apentlich, daß sie Pfarrecht haben, wie sonst offt in einer Stadt viel Pfarren sind. Es volget auch nicht, daß ein jeder Bürger eine Pfarre aufrichten wolle in seinem eigenen Hause; denn solch ist keinem erlaubt. Dazu ist ein großer Unterscheid zwischen einer gemeinen und öffentlichen Versamblung, und zwischen einem Haußgesinde. Den was ein Bürger in seinem Hause handelt, heißet heimlich gehandelt. Weiter so wisset ihr, als die Verständigen, daß man nicht in fremde Oberkeit greiffen soll. Dieweil nun die Fratres nicht Ewr Unterthanen sind, habt ihr nicht sie zu dringen oder zu zwingen. Dies ist unser Radt und Bitten, ihr wollets aufs freundlichste von uns verstehen; darüber bitten wir auch, ihr wollet ansehen, daß die Zeit selbst werde radt finden. Es sind ehrliche alte Personen, der man billig verschonen soll, und wolt als die Verständigen nicht gestatten, daß jemand Frevel an ihnen übe, den Gott hat auch Leute unter ihnen, der er sich annimpt. Euch freundlich zu dienen sind wir geneigt. 1532."

Von demselben Montag nach Jubilate 1532 ist Luthers, wieder von Melanchthons Hand geschriebener, lateinischer Brief an Pater Gerhard Wieskamp und dessen Kollegen, seine (Luthers) Freunde, datiert, worin er ihnen eine Abschrift des Briefes an die Neunmänner mitschickt, ihnen also recht giebt; doch bemerkt er weise, es könne vielleicht zum Frieden dienen, wenn sie an die übrige Kirche sich anschlössen; ob sie sich in ihrer Tracht den übrigen Bürgern anschließen wollen, über- lasse er ihrem Urteil; das Kloster mit Zubehör sei ihr Eigen- tum, die Stadt habe keinen Anspruch an dasselbe; sollten aber die Bürger noch Einsprache erheben, so möchten sie mit Ruhe antworten.

Darauf bestätigte 20. Mai 1532 die Äbtissin urkundlich die Privilegien des Fraterhauses und gestattete ihm, so viele Personen, es waren ihrer damals 24, aufzunehmen, als sie gebrauchten oder ernähren könnten. So schien für einige Zeit die Ruhe wieder hergestellt zu sein; seine Freude darüber konnte Luther noch in einem lateinischen Briefe an Wieskamp vom 15. Dezbr. 1532 aussprechen. Aber es dauerte nicht lange, die Übergriffe, an denen sich auch Dreier beteiligte, be- gannen von neuem, in ihrer Not wandte sich die Äbtissin Anna mit einem ausführlichen Schreiben an Luther. In seiner klar verständigen Weise schrieb er ihr am 13. Januar 1534: „Der Ehrwürdigen Wohlgebornen Domina Anna Fräu- lein von Limpurg, Abbatissin des freyen edlen Stiffts zu Hervord, unser gnädigen Domina. Gnad und Fried durch unsern Herrn Jesum Christum. Ehrwürdige, Wohlgeborne

Domina! Nachdem Ew. Gnaden klagt, daß sich Etliche zu
Hervord unterstehen, in E. G. Jurisdiction zu greifen, Geld
und an dem Gerechtigkeit mit Gewalt an sich zu ziehen:
wissen E. G., daß ich, Doctor Martinus, allezeit mit höchstem
Fleiß geschrieben und gelehrt habe, daß man Unterscheid der
Obrigkeit halten soll, und daß Niemand in fremder Herr=
schaft zu gebieten habe, auch Niemand den Anderen Zins oder
dergleichen nehmen und entziehen soll. Derhalben wir gedachte
Handlung, davon E. G. schreiben, nicht billigen, wollen auch
von Herzen gerne, daß diejenige, so Gewalt üben, bedächten,
daß das h. Evangelium durch solche Handlungen beunehrt und
verhaßt wird, welches jedem frommen Christen billig leid ist.
Wir haben auch derhalben an den Doctor Johann Dreger ge=
schrieben und ihn vermahnet und gebeten, daß er sich nicht
wolle an Gewalt und Unrecht theilhaftig machen, sondern die=
jenige, so Gewalt üben, davon weisen und zu christlicher Liebe
vermahnen, wie er, als der Prädicant, zu thun schuldig ist.
Daß aber E. G. begeret an den Rat zu schreiben, haben wir
bedacht, daß solches nicht fruchtbar seyn möchte, wiewohl wir
auch nicht eigentlich wissen, wie es mit der Kirchenordnung zu
Hervord gelegen. Dannoch bitten wir E. G., was noth=
dürftige Bestellung der Kirchen=Ämpter belanget, E. G. wolle
nach Gelegenheit dieser Zeit Geduld tragen, und ihr Recht
nicht in allen Sachen gleich scharf suchen, dieweil doch E. G.
wissen, daß an vielen Orten bis anher die Kirchen zum
Theil mit Personen, zum Theil mit Unterhaltung der Per=
sonen übel versorgt gewesen. Wo nun in solchem etliche leid=
liche Veränderung zu Nothdurft der Kirchen geschehen wäre,
bitten wir E. G. wollte dennoch, gemeinem Frieden zu gut,
Geduld haben; daß aber Etliche sollen fürhaben, mit dem

Kirchen-Gut, dazu wider ihre Obrigkeit Bewilligung, die Stadt-Mauren zu bauen, sehen wir nicht für billig an. Gott bewahre E. G. allezeit. Die 11 Fl., so E. G. anher sandt, schicken wir E. G. wiederum, und E. G. zu dienen sind wir willig. Datum Wittenberg, Donnerstag den 15. Jan. Anno 1534. Martinus Luther. Philipp Melanchthon."

Nun hoffte der Rat nichts Weiteres vom Briefschreiben. Er schickte 1534 N. Möller und Heinrich Pottgeter nach Wittenberg, besonders um Luther den Vorschlag zu machen, daß das Fraterhaus ganz in eine Schule verwandelt würde. Wiederum riet Luther in einem schönen Schreiben 24. Okt. 1534 an den Rat, die Fratres nicht weiter zu behelligen: „Gratiam et pacem. Ehrsame weise liebe Herren. Ich habe offtmals und von vielen erfahren, wie durch etliche hitzige und eilende Menschen bey euch angehalten werde, die Fratres und Schwestern bey euch zu betrüben, als könten sie des Standes, worin sie sind, nicht selig werden. So sie doch alle des Papstes Gräuel abgethan, und Christlicher Freyheit, wie wol im alten Kleid und Gestalt, sich halten und ein ordentlich züchtlich Leben führen, nach der Apostel Lehre mit ihren Händen arbeiten. Daß ich wol wünsche, daß solcher Leute, wie Gott die Gnade gäbe, viel wären: Denn sie ja nicht schädlich, sondern nützlich sind, weil sie dem evangelio anhängig sind. Dazu höre ich, daß sie sollen beschweret werden mit der öffentlichen Schulen Ampt und Sorge, dazu sie doch von niemand gestifftet, noch von Niemand Zinse dazu haben, wie die Gestiffte und Klöster haben, und solches billig thun sollten; auch nicht recht ist, daß sie sollen dienen von dem, das sie erworben, und nicht gegeben ist, den das hieße arbeiten und Geld zugeben. Demnach ist mein treulich Ver=

manen, E. Weisheit wolten daran sein, daß die frommen
Leute nicht so betrübet werden. Damit nicht, wie bereits an=
fähet, Ewr Stadt das Geschrei bekomen, als suchte sie frembder
Leute Arbeit und Gut. So ihr wol die rechte Stiffte kontet
zu solcher Schule brauchen. Ich habe vorhin geschrieben, daß
die Zeit selbst wird Rath finden, welches, ich höre, dahin ge=
deutet wird, als solle man sie hinfort zwingen; So doch die
Worte geben, daß mit der Zeit sichs wol finden wird,
Nähmlich ob sie also bleiben, odder williglich sich ändern
wolten. Bitte um Christus willen, E. G. wolle helfen, daß
man nicht Ursache gebe, vom evangelio übel zu reden. Es
sind bereits allzuviel ärgerniß allenthalben, die userm evan-
gelio viel böser Nachrede machen, daß wir wol möchten mit
Vleiß trachten, wie es bei Ehren bleibe. · Wenn alle Dinge
bei euch wol stehen, so ists dennoch nicht vollkommen. Befehl
euch hiermit Gott. Amen." —

An demselben Tage richtete er ein lateinisches Schreiben an
Wieskamp, worin er sich bitter über das Gebaren ihrer Be-
dränger ausspricht, die ohne allen rechtlichen Grund gegen sie
vorgingen und aus eigenen Mitteln nichts für Schule und
Kirche thäten.

Luthers Mahnung fruchtete, der Rat beunruhigte die
Fratres nicht weiter. Aber als der Neustädter Prediger
Blomberg 1534 gestorben und der entschiedene Jodokus
Detering (Detharding) an seine Stelle getreten war, welcher
auch die Dionyskapitelherren zurechtweisen wollte, griff er
1539 bis 1542 von der Kanzel die Parochialrechte des
Fraterhauses an, ohne sie in ihrem Festhalten an ihrer er=
probten Ordnung und in ihrem Eifer für Verbreitung geistiger
Bildung zu beirren. Die Fratres und Schwestern, eiferte

Detering, wären nicht in dem Weinstock Christo, sondern gott=
lose Sekten, Teufelspflanzen, Rottenmeister u. s. w., man solle
dem Esel keine Löwenhaut anziehen. Vergebens forderte Wies=
kamp zu einer gütlichen Besprechung im Fraterhause auf,
weil er mit den Brüdern nicht wage sich zu ihm zu begeben.
Der Streit wurde durch den Vergleich vom 28. Sept. 1542
durch Vermittlung der gewählten Schiedsrichter, des Neu=
städter Bürgermeisters Arnold Wulffert, des Ratsherren
Richard Moneke, des Münsterpfarrers Albert Lonicerus mit
Zustimmung des Detering beigelegt dahin, daß den Frater=
herren der vorläufige Fortbestand ihres Hauses unter der
alleinigen Gerichtsbarkeit der Abtei, in völliger Exemtion
vom Pfarrnexus, mit Beschränkung der Austeilung der Sakra=
mente auf die Glieder des Fraterhauses und seine Gemeinde
zugesichert wurde. So hat denn das Fraterhaus bis in den
Anfang dieses Jahrhunderts fortbestanden, das einzige in der
ganzen weit verbreiteten Kongregation. Es ist auch späterhin
von unruhigen Bewegungen nicht verschont geblieben, diese
waren aber anderen Charakters. Für das höhere Schulwesen,
für welches es so wesentlich thätig gewesen war, ist durch die
Veränderungen, welche damals eintraten, seine Bedeutung sehr
abgeschwächt; in kirchlicher Beziehung blieb es mit den übrigen
Pfarreien, namentlich mit der Münstergemeinde und Stift
Berg, in Verbindung, insofern wir vielfach Fratres in andere
Gemeinden berufen finden. Irrig ist die Ansicht, daß die
Brüder sich wegen der geschilderten Bedrängnisse der alten
Kirche wieder zugewendet hätten.

Des Detering Angriffe hat Montanus wohl nicht mehr
erlebt; nach 1534 hören wir nichts von ihm; im Fraterhause
ist er gestorben. Johann Dreier hatte noch immer über die

ungenügende Besoldung zu klagen. Deretwegen, nicht etwa weil sein Ansehen in der Stadt gesunken sei, ging er 1540 als Prediger nach Minden als Nachfolger des Gerhard Demiken; dort indes machte ihm sein Gehülfe oder Sacellan Rudolf Hugo viel Verdruß, so daß er seine Entfernung von Herford bedauerte; er starb schon nach $3\frac{1}{2}$ Jahren 1544.

Die Reformation hatte sich inzwischen von Herford aus weiter verbreitet ins Ravensbergische und Lippische; ein Herforder Minorit richtete die Kirche in Valdorf ein, nach Lemgo ging der Franziskaner Liborius Rudolphi, nach Dornberg der Benefiziat am Münster Heinrich Sorpe, nach Bielefeld der Kanonikus und Kalandsmitglied Johann Menze.

Eine Festigung erfuhr in der Stadt die Reformation durch die Übergabe des Augustinerklosters mit allem Zubehör an die Äbtissin und den Rat der Stadt unter der Bedingung, daß die lateinische Schule der Münsterkirche samt der Zuziehung des Studentenhofes in das Kloster verlegt und damit vereinigt würde. Obschon die Äbtissin Anna nicht auf die Cession der Kirchengüter eingehen, auch nicht das Verlangen haben konnte, das Patronat der Schule, welches sie allein gehabt hatte, mit dem Magistrat zu teilen, so ließ sie dennoch geschehen, was sie nicht hindern konnte, und so erfolgte die Cession am Tage nach Peter-Paul 30. Juni 1540. Das ist der Stiftungstag des Gymnasiums, aus dessen Lehrerkreise zahlreiche Pfarrer unserer Stadt hervorgegangen sind. Er ist darum auch 1740 und 1840 festlich begangen. Insofern aber das neue Gymnasium nur durch das neue Lokal und die bessere Ausstattung sich von der alten Münsterschule unterscheidet, sonst in seiner ganzen Einrichtung sich daran anschließt, kann es mindestens auf eine 900jährige Vergangenheit zurückblicken. Die umfangreichen Aktenstücke über die Cession sind öfters gedruckt, zuletzt im Herforder Gymnasial=programm 1872; der Abdruck in „Gründtlicher und wahr=haffter Bericht, was gestalt die unter Stift und Stadt Her=vordt eingefallene Streitigkeiten“ u. s. w. (Rinteln 1637) ist in der Orthographie sehr abweichend und hat unbedeutende Varianten.

Die Reformation war vollständig in Herford durch=gedrungen; es erhielten sich nur noch einzelne Reste des alten Kirchentums. Wenn nun aber der Rat unter solchen Aus=sichten an die Abtissin Anna das Ansinnen stellte, gegen einen reichlichen Brautschatz auf die abteiliche Würde zu verzichten und die abteilichen Güter und Pfründen zu rein evangelischen Zwecken zu verwenden, so handelte er gemäß ähnlichen Ver=suchen der Zeit; aber wie für diese, war auch für jenen die Zeit noch nicht gekommen, die Säcularisationen waren einer weit späteren Zukunft vorbehalten. — Nach dem Tode des Herzogs Johann von Cleve war sein Nachfolger Wilhelm III., wenn er auch nachher im Streit mit Karl V. über Geldern und Zütphen unterlag, ein Freund der Reformation. Dem Herzog Wilhelm als Erbschirmherrn übergab durch die durch die Kriegesunruhen herbeigeführte Cession 20. Mai 1547 die Abtissin Anna ihre weltlichen Rechte; die kaiserliche Be=stätigung, durch die politischen Wirren verzögert, erfolgte erst 1557; am 19. Oktober 1557 huldigte die Stadt dem Herzoge.

Ordinantie kerken ampte der erliken Stadt Hervorde.

Dorch D. Johan Dreiger, Sampt Predicanten und vorordten. 1534.

———

Den Achtbaren Erſamen wiſen Heren Borgermeiſteren unde Radtmannen, der Stadt Hervorde, mynen leven Heren und günſtigen fründen, wünſche ick Joannes Bugenhagen Pomer, Gnade unde frede von Gade uſem Vader, unde van Jeſu Chriſto uſem Heren ewichlick.

Erſamen wiſen Heren, Ick hebbe jwer Stadt Ordinantie van worde tho worde flitich dorch geleſen, Dar uth vermercket, dat gy gelerde und frame Predikers hebben, de ſunder twivel ſulcke Ordinantie geſtellet haben, Van welcken ick velichte niemande mehr kenne, den alleine mynen leven Heren unde broder Doctorem Joannem Dreyer, Gott ſy gelavet jnn ewicheit, und geve gnade dat ſulcke Ordinantie einen guden vortgang gewinne, ſick to den ehren und jwer Stadt to der ſalicheit unde beteringe Amen. Overſt Erſamen leven Heren, holdet my togude myne Chriſtlike unde truwe vermaninge, Gott wet, dat ick ſulck jwer Erſammenheit to den ehren unde beſten doh.

Jwe Ordinantie hefft einen groten feyl, Dat dar inne noch de Predikers noch de Schole Regenten, noch andere kerken deners verſoldet ſind, Van den Predikers, der gy ock men verr jn so groter Stadt hebben, stund wat dar jnne gescreven, wat se hebben scholen. Overst umme jwer Ersammenheit und jwer Stadt willen, dorfte ick id nicht laten hir jnn drücken, so lange sulck alle eine betere gestalt winne, also ock de Ordinantie beteringe thosecht. Jederman wet wol dat ick my entschuldiget hebbe der ringen besoldinge halven tho Brunswig, am ende mynes bokes uth den dre Ordeninge getagen, Unde ein Erbar Radt tho Brunswig hefft my muntlick mehr wen ein mal thogesecht de solde thoverbeterende, unde frylick bekand dat de besoldinge to ringe sy, noch hefft de sulvige besoldinge dar to eine betere gestalt wen by jw. Wen anders neyne gudere, de me nomet geistlike gudere, Beneficia und lene wen se affsterven, vorhanden waren, wo wol ick van sulken Beneficien nichts in disser Ordinantie vermerke, so were doch ein jglick minsche schuldig, na synem vermoge, Jarlik togevende uth der hand, dar mede sulke Christlike ampte unde Scholensorge ritelick wurde erholden, als ock de Christen plegen tho dohn, by der Apostel tiden unde dar na. Overst wy hebben uns gewennet den Monneken unde dem losen Papenvolcke togewende, de noch Gade noch der werlt nütte syn, unde vervoren uns dar tho, De armen broder, de van groter hillicheit wegen neyn gelt jn de hand nehmen, konen jn twen Jaren ein Kloster buwen, dat mehr wen twelff Dusent gulden kostet, overst dat leve Evangelion mit syner salicheit unde tucht achtet me leider nicht eines gulden werd. Gott gifft nu syn reyne unde klar Evangelion unde rechtschapene lere, ock van der Overicheit unde wertliken saken, wo de Conscientie dar jnne vor Gade kan bestan, gifft ock frame unde gelerde

lüde, de Gades Wort leren unde de Jogent recht under=
wisen konen, Overst de werlt kan se nicht liden, unde de
sick des Evangelien verromen willen se nicht holden, Frame
geleerde lüde sind jn etliken orden gebleven, bet dat se de
armut unde not eres lives unde kynderen wech dreff,
alleyne hielt de Conscientie de framen Predicanten, dat se
Gott furchteden unde dorfften dat volck nicht verlaten, wo
wol so not unde armut unde spot dar tho van etliken
leden, Unde unse Evangelischen lüde konen ock sere klöcklich
dar van reden, Wil he wech tehen? wet he nicht dat he
to einem Prediker hir her gevordert is? Is dat ein
Christlik Prediker de uns armen lüde wil verlaten? Ia
lever, Se willen Evangelisch syn, und hungeren doch den
framen Prediker uth, dar na schal de Prediker de schuld
dar tho hebben. Christus secht. Ick byn jm namen
mynes vaders gekamen unde gy nehmen my nicht an, wert
ein ander jnn synem namen kamen, den werde gy an=
nehmen. So moten denne nye erböme kamen dar wy
nicht up gedacht hebben, Denne gifft me wedder an mit
beiden henden. Dar umme Ersamen leven Heren, trachtet
de Predigstöle unde Schole ehrlick unde genochsam tho
versorgen, geldes werde gy noch hebben, seth alleine dat
gy Gades gnade beholden unde lüde mogen hebben de jwer
gemeyne jn sulken Christliken saken konen denen, me werpet
sie nich van dem bome. Gy willen, also Gotlick unde
billick, also ock jn jwer Ordinantie steyt, eynen gelerden
Magister hebben, jn den hilgen spraken unde Scholekunst
erfaren, Ick hore dat sulck ein man by jw sy, mit namen
Rodolphus, Overst I. E. möt so trachten welker ehre sülle
lüde werd sind, nomelick dubbelder, alse Paulus secht,

dat me ſe nicht holt alſe betteler, ſunder ehrlick u. ſ. w.
Gedenckt ock nicht, wat gifft uns de ſake to ſchaffen? Leſet
dat böck Judicum unde Regum, wen böſe Overicheit was
ſo weren ock falſche Propheten, falſche Gades denſt, düringe,
kriech, mord, verderb lives unde der ſeelen, over dat land
vorhanden, Wen wedderumme gude overicheit was de Gott
furchtede, ſo wanede Gott dar mit alle ſynen guderen lives
unde der ſeelen, gude Propheten unde Tuchtmeiſtere wurden
geholden, und Gott beſchermede ſe vor alle ere vynde.
Sulker gnade ſit ock delgefftich tho jwer unde der borgern
unde joget ſalicheit unde framen. Ick bidde umme Gades
willen, J. E. holde my ſulke vormanunge to gude, wor
mede Ick J. E. denen kan jn ſulken ſaken des wordes
Gades, des erkenne ich my ſchuldich, Chriſtus ſy mit
J. E. ewichlick. Screven to Wittemberch 1533, des
mondages nach Laurentii.

Vörrhede unde Inhalt der Gantzen Ordeninghe.

Ume mannger orſake willen js duſſe Ordinantie, ge=
malet und angenamen. Thom Erſten, dat alle de Dener
der kerken, wuſten ſyck tho regerende als Predikers und
Scholemeſters Dyaken und Koſters, welkerer me nycht aver
all entberen kan, Den ſo me nycht ene gude ordenynge
hebbe, wuſte nemant wär he ſyck na rychten ſcholde. Thom
anderen up dat nycht eyn Jder na düſſer tyd, en ſunder=
lynges na ſynem egen wolgefalle und guthduncken vörneme
und vortvaren dorffte, Wente ſo jd dem hylgen S. Pawel Matth.
24.

(margin) 1 Ti. 4. / 2 Ti. 3. / Act. 20.

alltyd wedder vore dat na syner affreyse valsche Predyker her jnn breken, und allent wat he wol vörordent hadde, vörwören und vörstoreden. So js uns wol aff tho nemende dath na unsen tyden solte egensynnyge lüde nycht uthe blyven werden, Ja alrede vörhanden synt, Als wy leder jn etliken Evangelischen steden sen und horen dat där ock solcke koppe syn, de noch seyn noch horen wyllen, wat orem synne nycht gevellych is, där ut entsteydt dan unffrede, twydracht, opror, unde entlick ketterye und beroninge des

(margin) 1 Pet. 2.

hylgen Evangelii. Derwegen ock de Apostel vlytych solcken vörtokomende neynen moye und arbeyd geslogen hebben wo wol de Düvel den noch mith synen unchrystelyken und

(margin) Matth.

helschen over Ordenyngen gelyck wo Christus secht, Als mith de unkrübe dath gude soed jm acker des Heren vor-drucket hefft, ys jm dat jn dem anfang gescheit, un jn der Apostelschen kerke, wo vel mehr werd jd by unsen tyden nicht uthe blyven. Thom drüdden up dat ock de unchriste-lyken und wedder schryffteschen Papistischen Ordenynge nicht bestan bleven, so vere se nicht lidlyck und der schrifft gemeth syn, Offt dat se nicht wo der düvelschen mensche-lyken Lehre ärth is, myt der tyd wedder hervor drunge und gelyck wo distel und unkrübt tho hyndernysse der lüt-teren und reynen lere des Evangelii wedder up wassen

(margin) 4 Reg. 21 de Eze-chie et Manasse.

mochten. Wente gelyck by den Joden jm olden Testa-mente gescheyn is, So konde yd ock nu by unsen tyden schen. Den wo vol vele fromer Konynge und Propheten weren jn Juda dede affgoderye und hogen Godes denst vor-wosteden, So quemen se doch hynden na wedder up wente de Düvel wyl Gode jn nenen wege gewunnen geven, dat wert nycht uth, He is en forste düsser werlt und wert yd

ock wol blyven wy sen wol wo node he den unchristelyken
gedichteden Godes denst wyl vallen laten, Und wolde gerne
wedder up richtenn dat gevallen is, und syne olde wo-
nynge wedder in nemen, derwegen dat ome den dore so
vel moglyck vorgeslotten verde, Hebbe wy düsse Ordeninge
sampth jngegaen, där by tho blyven so vern God
Gnade gifft.

Dat overst de Papisten seggen wy vorwerfen ore Or-
denarien, und wyllen gelyke wohl vele mynschlyke gesette
wedder up richten, Dar tho seggen se wy don yth uth
mothwillen, nycht van noeth wegen, Dar up anthworde
wy aljus, Dat unse Ordinantie gar myth van örer aff tho
scheden is, den se is Godes worde allenthalven gelyck-
formych und is Godes worde nicht enthwedder, Sunder
dar mede und dar up alle gegründet, Ore traditiones
offte settynge synt dar thegen, wy ordeneren tho der bete-
rynge der gemeine, Se overst thör vorstorynge und ergern-
nysse, und is der kerken hynderlyck, Allent wath se orde-
nern, Vör sodene warnet uns S. Pawel jn velen orden, Ro. s.
doch sunderlick tho den Romeren jnn dem lesten Capitel,
där he secht Leven broder, Ick vormane jw, dat dat gy
up sen up de dede Secten und ergernysse anrichten beneven
där lere de gy gelernet hebben, und wyket van den sulven,
wenthe solcke en denen nicht dem Heren Jhesu Christo,
Sunder örem buke, unde dorch söte worde und herlyke
rede, vorvören se de unschuldigen herten. Baven dyt alle
so hebbe wy vor uns der Apostelen und örer discipelen
und der hilgen veders Exempel, de dem Evangelio tho
denste doch mit der schrifft gude ordenynge yn der hylgen
kerken angerichtet hebben. De Papisten overst hebben dar

4

wyth over hen getastet und tegen Godes wort und sunder
bovynge der gemene, untellyke vorderfflike, Tradition ge=
settet, und dar mede der Apostel Canones und der fromen
Doctoren und vebers ordenynge vordrückt. Wy gripen ock
nicht buten unse ampt, als uns up gelecht wert, dat wy
nyge gesette schryvers syn willen, den wy weten God sy
gelovet wol wo wyth unse ampt uns fordert, Nomlyck so
Marci
ultimo. ver als Godes wort tho lerende de Sacramente tho
rekende myth oren angehanghen stücken uns dryngen als
uns Christus bevalen Marc am lesten, Van anderen
dingen de wertlyke overycheit belangende Ordenere wy
nychtes. Dat wy ordeneren myt Godes worde is vor=
nemelyk dyth.

Mathes
ultimo. 1. Dat dat hillyge worth Godes lütter und reyne jn
unsen Parren geprediket were.

1 Pet. 5.
1 Tim. 5.
Luc. 22. 2. Wo dane und wo vel deners där tho behorich syn,
und ore vorsorgynge, und erwelynge und entsettynge.

3. Dat de hylgen Sacramente na der jnsettynge, unses
Heren Jhesu Christi gereket werden, und was dar by
nodych sy tho werden, und de rechte ban geholden werde.

4. Dat me sontige dage hebbe, de me van uthwen=
dygen arbeide vyre, Godes wort tho hörende und de
Sacramente tho entffangende, doch jnn Christelyker fryheyt.

5. Wat me vör Ceremonien offt kerkendenst by den
Sacramenten thör beterynge der gemene schole halden, und
wo, und up wath tydt.

6. Wo men in Eesaken und den Eestand belangenden
2 Cor. 11.
Collo. 2.
Collo. 3.
2 Cor. 14. dyngen, varen und handelen schole.

7. Wat tho ener Christelyken Schole nodych sy, und
alle ore ummestendycheyt, Item to ener Juncffrowen Schole.

8. Wo de armen dorch de Diaken flytych mogen vor= | Gene. 2.
sorget werden, und wat den Diaken tho donde behöre na | Mat. 19.
uthwysynge der Schryfft. | 2 Cor. 7.
| Ephe. 5.
| Exo. 20.

Dyth synt de dynge där unse Ordenynge up gheyt, | Mat. 15.
nicht uth unsen koppen erdacht als somyge seggen und yd | 2 Joh. 2.
lasteren, Sunder uth Gode dem vader und unsem Heren | 2 Cor. 16.
Jhesu Christo und dem Hylgen gyste vorordenth, Als wy | Rom. 15.
allenthalven nycht up unsen dünckel, sunder up Godes | Psal. 2.
wort uns gründen. Wente wat dat predyge ampt an | 2 Tess. 3.
geyth, und Sacramente, Byre, Ceremonien, Eestandt,
Schole, Armen dreppende is, Moth jo en jder bekennen
dat yd nycht unse, Sunder Godes Ordenynge sy. Hyrumma
alle de dusse Ordenantie lasteren de schollen weten, dat se
nycht uns armen sunders lasteren, Sunder den de dar
sprecket, de jw horet de horet my, de jw vorsmadet, vor=
smadet my, dat ys Jhesum Christum unsen Heyland,
dem sy loff und ere van ewicheyt to ewicheit. Amen.

Dath Erste deel van deme Prediger Ampthe, unde Sacramente.

De gnade Godes, vorgyffnysse der sünde, und was
wy tho düssem und dem ewigen Levende behoven na Godes
Ordenynge, wert uns angebaden und gelerth dorch dat
hylge Evangelion, dat uns dan leret den rechten war= | Krafft
hafftigen Godesdenst, den wy sus van natur nycht wetten | des
alse S. Pawel secht 1 Corinth. 2, de natürlyke mensche | Evan-
vornympt nicht van dem geyste Godes, Jdt is öme ene | gelii.
dorheyt und kans nicht erkennen, So wy dan dorch er= | Rom. 1.
kenetnysse des hylgen Evangelii weten den rechten Godes= | 1 Cor. 2.
denst, und den sulven dorch den geyst Godes yn geloven

4*

vullenbrengen vorlent uns God dage und wolfarth, beyde tho duſſem und dem thokümſtygen levende, 1 Thimo. 4. De Gotſelicheyt ys tho allen dyngen nütze, und hefft de thoſage duſſes und des tokomenden levendes, Dyt ys ock

Deut. 28. manck dem Jodeſchen volcke ym olden Teſtamente wol be-wyſet den God ſynen ſegen gaff, dat Godes wort recht

2 Reg. 8.
3 Reg. 9.
2 Para.
17. gelert, ym loven angenomen, und mit der leve bewyſet wert, Als geſchen ys under den Koningen, David, Salo-mon, Joſaphat, Ezechia und Joſua.

Eſa. 38. Dar umme ys nycht weinych up tho ſende up gude lere und rechtſchapen predigynge des Evangelii, wente de lere mocht recht und mith vlyte gedreven werden, Na dem

Rom. 1. mele dat Evangelion ys ene krafft Godes thor ſalicheyt, der da an lövet, und ſolckes hefft unſe Here Jheſus vor-

Bevel
des
Evange-
lii Mat.
28.
Mar. 16. ordenth und ſynen Jungeren gebedenn wente an den ende der werlt tho dryvende Matthei 28. My ys gegeven alle gewalt ynn hemmel und up erden, dar umme goeth hen und leret alle volcker u. ſ. w., dat dudet Marcus und ſecht, Allen Creaturen predyket deth Evangelion, und dopet ſe yn dem namen des vaders und des ſons und des hyl-gen geyſtes, und leret ſe holden allent wath jck jw be-valen hebbe, und ſcdt jck byn by jw wente an den ende der werlt. Dan höre wy wo Ernſtlyck Chriſtus dat vor-vordert, dat ſyn Evangelion (nicht mynſchen lere) und wat he hefſth holden heten ſcholen gepredifet und geleret werden, Mit duſſen worden leret he uns ock, vormiden de olden und nigen vorvorers, de dat wort Godes nicht recht den luden vordregen, Sünder vorvelſchen dat Evangelion mith oren egen Opinion, der ſick nu vele vorheven de dar nicht

recht leren, van den Sacramenten und der Overicheit und anderen dingen.

Solke lüde tho vormiden und rechte Evangelische prediker aver thokomen, Schole wy ersten van herten dancken dem vader aller barmharticheit, vor dat Evangelion unses Heren Jhesu Christi senes leven sons, dat he uns jnn düsser tyd so ricklick apenbart hefft, dat wy nu erkennen wat wy gewest sin, als arme sünders vul Erdoms und Hüchelie, Und wat wy erlanget hebben dorch dat Evangelion, als den loven jnn Jhesum Christum und rechtverdich geworden und from vor Gode Godes kinder und erven, mede Erven unses leven Heren Jhesu Christi. Rom. 8. Wy erkennen ock wath rechte gude wercke sin und dat unse lident Gade wol bevalle, Ja Gades lident sy, Vor dussen groten gnadenriken schal segge ick schole wy Gode dancken, als uns Paulus en Exempel gifft tho den Romern jm ersten.

Rom. 8.
1 Cor. 1.
Mat. 9.
Luc. 6.
1 Cor. 2.
Act. 20.

Dar tho schole wy ock als Christus uns leret Math. 9 bidden den Heren der Erve, dat he arbeideslüde jnn sine arne sende, dat ys dat he uns mit guden rechtschapen guden Predikers vorsorge, Solkes byddens tho Gode hefft uns Christus, en mercklick Exempel gegeven, Wente als wy lesen, Luce. 6 do he wolde Erwelen de twelff Apostel, bedede he tho vorn de gantze nacht tho sinem vader up dem berge, Dar uth vormercke, wo groth gelegen sy an guden Predikern, Overst de werlt achtet nicht groth dar up, Ja se hatet solcke und wolde lever solker loß sin, Gade överst und den rechten Christen sint rechte Predikers en dürbar dinck so de Epheser an sünte Paul wol bewisenden do he enenn affscheid van on nam Acto. jnn twintigesten Capitel.

Var den deiners des wordes off Predicanten.

So is um thom Ersten van noden dat dusse heil=
same, lere des Evangelii werde den lüden vorgedraghen,
dat under den Predicanten ein sy dem de sake aldermeist
bevalen sy tho schaffende und vorsorgende, dath endrechtlike
predike gesche, an jnhalt des lutherenn wordes Godes na
wente wy willen und mothen, mith unsen willen offte
weten nicht staden jnn düsser unser stadt tho Hervorde,
Secten, Partien, affdelinge, off valsche Predinge, wedder
dath Evangelion und Sacramente off Overicheith, denn
van solcken dingen und anderen moeth geleret werden na
jnhalt des wort Gades, düsse Predicante offt Superinten=
dens dem de sake aldermeist bevalen sy, schal jnn dem
münster na der wise als volget prediken, Dem sulven
moten vorschaffet werden 2 geschickede jnn lere und levende
gnochsam na der Schrifft, Predicanten, so geleret dat se,
dath volck recht leren konnen nicht allene jnn hemeliker be=
kenninge ores gelovens, sunder ock openbar up dem
predikstole.

Düsse dre, als superattendens und twe medehülpers
scholen dat Predige ampt jnn dem Münster alsus vorn.

Des morgens tho VI uren off tho V schal en Ser=
mon werden gedaen up dem predikestole dorch enen der
Capellan ene halve stunde off dre verndel van ener stunde,
jnn dem Catechismo, vor dat Jünge volck knechte und me=
gede, Und de borger schollen öre kinder, knechte und me=
gede dar flitigen tho gaen laten, Jnn sunderheit so se dane
lere van Godes geboden, Geloven, beden, jnn oren husen
nicht leren konen, des se doch vor Gade schuldich sin, tho
donde, Wente vorware düsse lere is nicht so vorachtet ge=

Catechis-
mus.

wesen by den hilgen veders, und alden fromen Christen, alse by unsen tiden, So dat ock S. Augustinus en sunder= lick bock van der kinder lere geschreven hefft.

De ander Cappellan schal des namidages jnn der sulven kerken tho twen uren prediken, van der Epistelen des sülven dages, und dith schalle umme gaen de ene weken umme de anderen. Thör Hömisse overst schal de Superattendens dat Evangelion prediken, Und jnn der weken vormiddages, des winters tho achten, des somers tho seven uren up den Midweken und Frigdach, Inn der weken des Donderdages schal der Cappellan en prediken, des Son= avendes de ander, Und dusse Sermones jnn der weken schollen kort sin, so dat se boven III verndel van enrr nicht en waren up dat de lüde wedder by ör arbeid komen.

Up der nygen stad tho S. Johannes Caspel wilt de noth forderen dat dar twe deiner sin, Id wil enem jeth leste tho swar werden, Hir schal ock des morgens up de Sondage gepredikt werden, und tho der Misse dat dach= like Evangelion, Und jnn der weken des dinxtages, Enen Evangelisten offt Epistelen ut St. Pawel, Petro offte Johannis, na rede des Superattendenten.

Wenner overst predige schüd jm Münster offt tho S. Johanse, up hilge off vo werkeldage scholen keine papenn ore Horas singen, edder lesen, jnn nenen kerken, Sunder se scholen rüm geven, Prediken tho horen den de yd gerne horen, dat etlike van on sus gerne hinderten wor se konen, Jegen dat geschreven is Proverbiorum 3. Vorböt nemende **Pro. 3.** gut tho doende, Sunder kanstu so dat sulve ock, Und so **Rom. 1.** **Mat. 15.** wy weten dat dat Evangelion is ene krafft Godes thor ſaligeit alle deme de dar lovet Roma. 1. Und der papen Chor ſanck ſo uth minſchen koppen geſpunnen, En unnütthe und vorloren Godesdenſt is Mathei 15 wat rede wer jd tho dülden dat ſolck mynſchen geſette, Godes krafft nicht wiken ſolde, Id is ock van noden und themlick dat ſe ſick entholden und ſtille ſin, under dem prediken, Alle klocken, jd ſy den doden offt nicht, Item bungen und trometen pipen und ſolckes, dat up dem kerckhove offt ſus na by der kerken de predikers offt de Horers vorſtoren mochte, jd were ock Gotlick und erlick, So nen nodige ſake vorhanden en weren jnn Rades geſchefften, de ſulven ſtunde fry tho laten, und nemande jnn dem worde Gades tho horen, vorhinderen, ſolkes behaget Gade wol und worde ock dar umme ſinen ſegen geven, Als he ſecht Mathei 6. Trachtet thom erſten na dem rike Gades und ſiner gerechticheit, ſo wert jw ſolckes (dat ys wolfart tho düſſem levende) thovallen, Hir wert ſick ein Erſam Raed wol ynne tho ſchicken weten.

Van der Bicht.

Id bethemet ſick ock, da de dener ſo Gades wort vordragen apenbar, ock oren Caſpels luden bicht horen, und
Rom. 4. de Sacramente reken, nu dem male de Sacramente anhangende teken und ſegel des wordes ſin, Ock is nodich, dat me ſick nicht befrüchten en dorve, dat andere lüde mit der lere nicht recht umme gaen, In der hemelichen bicht, und in den leſten noden, jd koſtet ſo der ſelen ſalicheit, de Chriſtus ſo düer gekofft hefft, Dat nemant thom Sacramente gelaten werde he hebbe erſten tho vorn einem van den Predikern, dem dat bevalen is, berichtynghe gegeven

sines gelovens, up dat nicht dorch ore vorsümenisse jemand
unwerdich und tho siner vordömenisse dar tho ga, Welck
S. Pawel den Christen ernstlick vorbüd, Und 1 Corinth. 4
vordert he haven alle andere gave, Inn den denern tru=
heit, dat se dat wort recht uthdelen, und de Sacramente
reken, den gennen den se van Gades ordeninge tho horen.
Wy willen overst nemant na der wise der Papisten, tho
ertellinge aller siner sunde, und dergeliken unchristelike stücke
thegen de Schrifft dringen, Sunder allene thor ansegginge,
und fortliken bekenninge sines gelovens ermanet hebben, Up
dat so vel den deners mogelick is, unere und misbrück des
Sacramentes, des lives und blodes unses Heren Jhesu Christi,
und unordentlick tho lopenn möge vorgekommen und vor=
hindert werden, und de lüde jnn sunderheit dorch dat wort ge=
tröstet werden. Ock scholen de Predicanten dat volck var=
manen van dem predikestole, dat se nicht mit oren kranken
beiden wente up de leste stunde, Sunder dat se de Pre=
dikers by tiden beschicken, so vare des lives vorhanden is
up dat nemant jnn den Sacramenten vorhindert werde.
Und so jemant sin leventlanck dat Evangelion verachtet hebbe,
edder süs en bose levent gevort konnen de Prediker solke lüde
jnn dem lesten averreden, dat se vorstant ynd gude bekentnisse
uth Gades gnaden und barmhertichheit krigen, so dat se ere
sunde volen, und Christum beginnen tho erkennen, und
ores herten ernstlike und hertlike bekeringe und beruwe, ge=
wisse teken van sick geven, So mach me one dat Sacra=
mente jnn Gades namen geven, wy konnen nicht mehr
richten. So de kranke overst vorhardeth bleve und nene
teken der beruwe van sick geve, und uth frochten des dodes
dat Sacramente begerde, so mach me ome dat Sacramente

nicht geven, wente dat were vordomlick beide dem dener und dem kranken, wente de dener scholen trüwe huisholders sin der heimlicheit Gades, Und de Parlen nicht vor de swine strowen, ock dat hilgedom (wort und Sacrament) den hunden nicht geven. Wenner overst de Predikers nicht vorvordert werden tho den-kranken, so scholen se entschuldiget sin off se ore nicht heyme soken und tho one gaen, Wente wy weten nicht, wen se overst en mal gevordert werden, scholen se vort de kranken an visiteren und valen mit dem worde Gades trosten, Wente jnn der noeth und crütze is nodich des herdes aldermest Johannis 10.

Den Predikers is van Gade jn bevel gedaen de sunde frilick tho straffen. Als wy lesen, Esa. 58 und de Hilge geist (sprecket Christus) wert de werlt straffen umme de sunde, gerechticheit und gerichte, Und jo hebben erst de Propheten Esaias, Amos,. und de anderen ernstlik gedaen, und darnegest Johannes de doper und Christus sulven und sine Apostel sunder alle huchelie. Doch also schal de straffe tho gaen, dat me de personen nicht vormerke, und dat jd nicht gesche uth egenem unmode, Sunder uth Gades bevele mit sachtmodiger slede und vermaninge, den Sa. Pawel secht, en knecht Gades schal nicht kiven und ein Bischop schal nen sleger sin wente sodane en soken nicht der lüde beteringe sunder dat öre, So me overst mit scharpen prediken de gotlosen antastet und jegen se, mit der Schrifft vechtet Is nicht geschendet wo se id heten, Sunder id het no Gades bevele Gades ere und warheit beschermen, und den Düvel und sine lethmate mit orer varwe aff= malen, des wy alle schuldich sin, ock mit unsem blode tho donde, alse S. Steffen Acto. 7. Weren overst unlidlike

ſchande vorhanden under unſen broderen, de mit uns dat
Evangelion bekennen und tho dem Sacramente gaen, ſo
vermane me ſe erſten als Chriſtus leret Mathei 18. Vor⸗
harden ſe dan, ſo late me den Chriſteliken ban over ſe
gaen, ſo lange dat ſe ſick beteren, und bekennen, als
Paulus over de ſinen ſteiffmoder gefryet habbe 1 Corinth. 5.

Van den Sacramenten unde Chriſtliken Ceremonien.

Den Predekeren negeſt dem worde is van Chriſto
bevel geſchen, und unvoranderlick upgelecht, uthrekinge der
twier Sacramente als der dope, und des lives und blodes
unſes Heren Jheſu Chriſti, So dan dat in jr ampth mede
hort, wil wy hir negeſt dar van na Chriſtus willen und
jnſettinge Ordineren und mit wat Ceremonien, ſo dane
Chriſtlike Sacramente temelick und vorderlick, mogen und
ſcholen, na unſer ſtade, perſonen und tyde gelegenheit vor⸗
handelt werden, de Sacramente in orem weſen unvor⸗
andert und meſtert tho laten. Und int erſte van der
dope, de ein jngang is in dat rike Chriſti, offt de
hilgen Chriſteliken kerken.

Van der dope.

Dewile uns den Godt der Here ſalich gemaket hefft
dorch dat bat der weddergebort und vornyginge des Hilgen
geyſtes, den he rikeliken uth gegathen hefft aver uns dorch
Jheſum Chriſtum unſen Heiland, als uns dat Paulus
leret Tit. 3. Is ock nodich dat wy unſe kinder, mit
allem flite und Gades frochten tho der hilgen dope bringen,
dat ſe van der ewigen vordomeniſſe geredded und dorch
dat waterbat jm worde Chriſti Jheſu ingelivet werden,

Dat den sodane schat der salicheit unsen kinderen, so der sekerliker weddervaren moge, se wy vor gud an, dat me se mit den ersten so se geboren sin tho düsser hilgen dope bringe und nicht alse tho vorndar ene genslick vorsümet offt dorch mißbrukinge und unvorstand der bademoder wedder umme in der kerken ander mael gedofft werden, des wy nu vortan mit unsem weten jn nenen wege staden willen, wente is id men ene Christlike döpe als Paulus leret Ephe. 4. wil men se overst in de kerken na wantliker wise bringen, Schal me den Exorcismum den Düvel uththobannen nicht aver se lesen, wente dan worde de Hilge geist gelastert, de gewislick by solken kinderen is, de wile se rede gedofft sin jn dem namen des Vaders und des Sons und des Hilgen geistes, de dener overst machen vader unse, und das trostlike Evangelion Marc. 10 aver se lesen und God dem Vader danken, de se hefft angenamen dorch Christum unsen Heren.

Dudesch Dopen.

Dat nu dat bevel Christi van jedermanne vorstande werde schal me dudesch dopen, de wile dat volck des latins nicht en vorsted, Dat wert one sunderliken trost und tho reisinge geven, Wen se hüren ut den fragen des deners up wat loven dat kind gedofft werth, und welck enen vorbünd wy dar mit Christo maken Dar wy jnne bliven scholen und gefunden werden thom Jungesten dage, Dat wy nene ander menschlike gerechticheit annemen thor salicheit ane allene Christum, jn welkeren wy gedofft sinth und se gedofft werden. Tho welcken se sick ewigen laven und sweren, Dar up se ock gedofft werden jnn den namen des

Vaders u. s. w. Als dan Christus sulven bevalen und
ingesettet hefft Mathei 28. Dar uth wy gewis sind, dat
dat kindeken nicht allene mit water gedofft is, Sunder
dorch de Hilgen drevoldicheit sulvest mit dem Hilgen geiste,
de uns ock stedes döpet, van der tyd an dat uns Christus
dar annemet, wenthe thom Jungesten dage, dan wert erst
unse dope vullenkomen. Dar her klar is, dat wy by dem
bevele Christi und der Apostel lere alene bliven scholen,
und tho der dope nicht bruken, des se nicht gebruket hebben,
als Kresem und wigginge, dar mede de rechte dope und
ore krafft vorduystert is, Als me dat und der geliken vele,
de bademoder belangen, wider lesen mach jn der Brun-
schwikeschen Ordinnation.

Van dem Sacramente des Altars off Misse.

Dat ander Sacramente van Christo unsem Heren jn-
gesettet uns tho troste und sterkinge, Is dat Sacramente
des lives und blodes unses Heren Jhesu Christi under
dem brode und wine uth krafft des wordes entholden.
So is id ock mit dem namen Missa genant, wannen id
gebruket wert, Den Missa is anders nicht den de bruck
des Sacramentes, und ock werden so mede geheten alle de
Cerimonien, de by dem aventmal geschen sin und noch
schen. Dith Sacramente hefft Christus sinen Jungeren 1 Cor. 11
bevalen, tho siner gedechtnisse, und de Jungeren vortan
der Christenheit. Overst solken bruck is leder jn groten
mißbruck gekomen, so dat in nenen dingen van Gade ge-
ordent, under der sunnen, Godt so seer vortornet is und
noch wert, als dorch mißbruck der Misse. Den se wert
by den Papisten vorkofft vor de levendigen und vor de

doden, Und is nen dinck so bose gewest, man wolde id mit Misse lesen und horen vorbeteren, So dat ock de morders und toverschen tho eren dingen der Misse gebruket hebben. Wy overst scholen dat bevel Jhesu Christi lutter und reine holden, und gelick wo in anderen saken, Gades wort andrepende, Also schole wy jn dusser sake van dem Sacramente des lives und blodes Christi sinem bevele na volgen, und wat deme entgegen is schole wy holden vor unchristelick, und vordomlick, wen ock en Engel van dem hemmel anders rebede und lerede.

<small>Gal. 2.</small>

Dath bevel Christi van dem Sacramente wert also beschreven dorch Pawel 1 Corinth. 11 und dorch dre Evangelisten Math. Marc. und Lucam.

Ick hebbe van dem Heren entpfangen dat it jw gegeven hebbe, wente de Here Jhesus Christus in der nacht do he verraden wort, Nam he dat brod danckete und brack und gaff sinen Jungeren und sprack, Nemet hen und eteth dat is min liff, dat vor jw gegeven wert, dat doet tho minen gedechtnisse. Desulven geliken ock den kelck na dem avendmale, danckede gaff on und sprack, drincket alle dar uth, dusse kelck is dat nige Testament jn minem blode, dat vor jw vorgaten wert, tho vorgevinge der sunde, Solck doet so vaken gy drincken tho miner gedechtnisse. Hyr hore wy nu dat hilge Sacramente is gegeven van Christo den Christen, dat se des bruken scholen, wen se dar umme tho hope komen als Paulus secht, Itaque fratres mei, cum conveneritis u. s. w. dat en het jo nicht Convenire, wen me sick van der gemeine affsundert jnn Fraterhuse, Susterhuse, und ander Rotten und Secten, sunder mit

<small>1 Cor. 11.</small>

den gemeinen Christen tho der gedechtnisse des Heren sick usus.
vorgabberen tho dem bruck des Sacramentes. War me overst
dusses Sacramentes tho bruken schal, leret Christus und secht
.tho sinen gedechtnisse, dat wy holden dorch solck etent und
drinkent, dat is tho verkündigen sine woldaet und doet als
Paulus secht 1 Corinth. 11.

Düdesche Misse.

Derwegen moet me misse holden jn vorstendiger sprake,
als de Apostel by den Joden up Jodesch, und by den
Greken up Grekes u. s. w. Wente wo schole wy des
Heren denken jn dussem Sacramente (dat se dan jo van
uns vordert) wen wy nicht vorstan wat dar gesungen und
geleret wert. So nun overst Christus dit Sacramente
heff sinen Jüngeren gegeven, dat is den lovigen und de
leren dat Evangelion und sin Jock up sick nehmen als he
secht Math. 11. So hebben gewißlick mit dem Sacra=
mente nichts tho schaffen de dat Evangelion haten und
vervolgen. Der halven en Scholen se ock mit uns nicht
Communiceren, sunder wy holden se excommunicatos, dat
is jn dem banne buten unser gemenschop und vorbeden on
van unses amptes wegen van dem Sacramente tho bliven
Nomlük alle den de erdom leren, Secten anrichten, dat
Evangelion lasteren, ungehorsam gegen Gades wort er=
wecken schendich huesholden und leven, ock de gar nicht
weten van deme geloven, so lange dat se sick beteren und
leren id, Wente alle dusse und dergeliken, entpfangen dit
Sacramente tho erer vordomenisse alse Paulus secht
1 Corinth. 11. Wo wol solckes nicht angesehen is, so
is doch de gruwel dusses Sacramentes so grot (so met dat
bevel Christi ansut) dat yd Christus mit dem Jungesten

dage moth entlic affbrengen, dat nu dorch dat Evangelion nicht affgeyd. Wy willen ock nicht tho schaffen hebben mit den Sacramenteschenders, de wedder de klaren wort Christi vorlochen dat liff und bloed Christi jm Sacramente, wen wy dat eten und drinken na Christus bevele. Wi holden ock nicht mit den, de so Evangelisch sin dat se nummer gaen thom Sacramente wen se, dat ock rede Christlik hebben mogen, wente wo wol me nemande dartho dringen schal, sunder fryg laten, Wo kan yd doch en gud Christen sin, de sick nummer thom dische des Heren maket, so he doch secht und büth, Nemet ethet und drincket, dat het jo nicht Nemet nicht, etet nicht, drincket nicht, Und solck doet, het jo nicht Solck doet nummer edder vorachtet ydt, De dan nicht mit den anderen Christen thom Sacramente get, de wile he gesunt is, konne wy ock dem sulven jn sinem doetbedde dat Sacramente nicht reken. Jdt wer dat wy segen apenbar teken des ruwes und beteringe, welck den selsen und mislick is, und gemenlick Judas bote tho sin plecht.

Ceremonien.

Na dem male dat Paulus vormanet dat alle dinck ordentlick schole tho gaen under den Christen und he sulvest solcker ordeninge vel antekent in der gemeine tho holden wilt de noet vorderen etlike Christlike Ceremonien anthorichten, de 1 Cor.14. wy unvorbunden mit frier und Christeliker conscientien holden, nicht dat wy dar ane vordenen sunder thom frede 1 Cor.12. und enicht holden. Wen overst dorch en fryg Christelik Concilium in sodanen frien Ceremonien wat beters vorordent worde tho frede und enicheit der Christen, dat wil

wŋ und ſcholen ock gerne annemen. Id is overſt hir bŋ
erſtlick tho weten dat God alle wege van anbeginn der
werlt bŋ den ſinen als Adam, Abel, Noah, beneven dem Gene. 4.
inwendigen geiſtliken Godesdenſte, de dar ſtet in den Gene. 8.
frochten Godes, loven, anropen, danck ſeggen, lidende,
leffte des negeſten, ock· in enen uthwendigen Godesdenſte,
mit offerende, lerende u. ſ. w. Gode tho eren und thor
bekenntniſſe ores geloven, und tho ener ovinge orer ſulveſt
ſick gevet hebben. Den id is nicht mogelick dat de
Chriſten de wile ſe in duſſer werlt ſin, genſlick aller Cere=
monien entberen konnen, ſo gar geiſtlick konne wŋ hir nicht
werden. Dat hefft God wol gewuſt, und ſin utherleſen
volck mit velen Ceremonien vorvatet, up dat ſe nicht ſulven
uth orem gutduncken und koppen enen Godesdenſt erdichten,
dat one den ovel geraden is an dem kalve, Nicht dat ſe Exo. 32.
dorch den uthwendigen Godesdenſt from werden ſcholden,
und vorgevinge der ſunde krigen, Sonder dat ŋd were en
vorſtrickinge, datḥ one de Affgoderŋe der mede geweret
worde, und ſe ſick dar inne oveden und vorgeten ore egen
Godesdenſte und dat ſe dar uth leren alſe uth figuren
und einem ſcheme dat Rike des thokumftigen Meſſias unſes
Heren Iheſu Chriſti. Overſt wat is geſchen ſe hebben den
rechten bruck varen laten, und allen Troſt inn uthwendigen
wandel geſtellet als Sabbathe, Vire, Niemond, geholden,
geoffert, georgelt und geſungen, ſunder Gades fruchten,
loven und leve des negeſten u. ſ. w. boſe inwendich,
ſchone im wandel, und vormenden alſo, Gade were ore Eſai. 1.
denſt angeneme. Darumme hefft ŋd Gad alle vorworpen, Amos 5.
dorch de Propheten, als wŋ leſen in Eſaia, Amos, Michea, Mich. 6.
Oſea 6.
Oſea und Pſalm. und Stephanus Acto. 7 werpet den Pſal. 49.

Joden vor dat se van anbeginn nicht van herten und war=
hafftich Gade gedenet hebben, Sunder God hebbe van
erem denste nü wat gewust. Thom andern is tho weten,
dat de Christelike kerke Mosen mit sinen Ceremonien nicht
nodich holden darff, Den do de sunne und gelave de
Christus mit sinen stralen upginck, da vorschwand alse
balde de scheme der Moseschen ordeneringe und Ceremonien,
Math.11. Dat ock tho vorn thogesecht was dorch de Propheten, und als
der sted, Dat gesette und de Propheten hebben wente up Jo=
hannes gereket, So sin nu de jn grotem Erdom, de jn
dem Rike Christi jn den kerken, Mosen mit velen Cere=
monien Rokerende, Orgelen Baslaken, Altaren, Lampen
Lüchten, u. s. w. jn gebracht hebben und uns upgeladen
der Joden undrechlike borden, Dar en baven noch erdichtet
sunder mate untellike kerken pral Statien, Klingen singen,
jn jdelheit gevallen so doch dat nodich was also de predige
des wordes Gades und rechtschapen uthdelinge der Sacra=
mente hinder wegen gebleven is, als dan God plegt sunde
Rom. 1.
2 Thess. mit sunde tho straffen. Thom drüdden so wil wy nicht
als nodich und thor vorgevinge der sunde, als Joden und
Papisten gedaen hebben, Sunder dem Evangelio und
Sacramente thon Eeren und uns dar mede als Heliseus
mit dem harpenklange thom Innigen bede und flitigen
anhorde des wordes Gades thom vüringen und erstliken
und hertliken danckseginge und thor ovinge unser joget jn
singende, lesende, latin und düdesch, kortlik thor be=
teringe und buwinge unser Christeliken gemene und joget
korte, reyne, Gotlike Ceremonien jn unsen kerken geholden
hebben, als uns Christus bevalen hefft dorch sinen dener
Paulum 1 Corinth. 11. 14. Col. 3. Ephe. 5. Und

willen nu jn den Ceremonien der miſſen metten und
veſper alſus holden.

Der Miſſe Ceremonien.

So late wy bliven dat unſe Preſter vor den altaren
jn gewontliker kledinge miſſe holden, wente ſolck fry dinck
en ſchadet nicht der miſſe und bevele Chriſti ſo wenich alſe
jd ome helpet, ſo me doch de kleder alrede hefft, Wy doen
ſolkes und latent geſchen tho vormiden de Ergerniſſe der
ſwack lovingen, wy weten ock wol dat ſolkes nicht nodich is,
Ock Chriſtus und de Apoſtel ſolcke pracht nicht gehat hebben,
und noch bevalen noch verbaden, Sunder fryg gelaten alſe
ock de tyd, ſtede u. ſ. w. Des geliken dat ſick de Preſter
wendet thom volcke und was ſus mer jn der Miſſe ge=
wontlick is dat nicht jegen de Hilge ſchrifft is laten wy
ſo bliven, wente allent wat den mogelick geweſt mit Godes
worde tho dulden is unvorandert gebleven. Dat wy
overſt Dudeſch ſingen is gebaden van Paulo, dat idt
geſche thor beteringe, Den de ungelerden nicht vornemen
dat Latin, und alſe ydt dorlick wer wen me latin vor ſe
prediken wolde ſo is yd ock mit dem ſingen, Wy willen
overſt vor unſe kinder und joget unde gelerden under wilen 1 Cor. 14.
latin ſingen.

Inth erſte jn der Miſſe ſchal me enen Düdeſchen
ſanck ſingen offte Pſalm, up etlike feſt enen Latinſchen In=
troitum, Als van Winachten wente up Purificationis, Puer
natus, twiſchen Paſchen und des Heren Hemmelfart, Reſur=
rexi und dan Viri galilei, Tho Pinxſten Spiritus domini
u. ſ. w. komet overſt en feſt dar nen bequemlick Introitus
is, mach men enen Pſalm ſingen. Dar na ſinget me

Kirieeleifon, Gloria in excelfis tho dude off latin und dar
na ene dudefche collecten, und dat volck anthwort Amen,
den keret fick de dener umme vor dem altar thom volcke
und left de Epifteln alfo, So fchrifft S. Pavel tho den
Romern am 10. Capitel, leven broder u. f. w. edder
anderswo dat fchicken wil up dat befte. Dar na fingen
de fcholer en Halleluia, dar na funder wile ene reine
fequentien off enen düdefchen fanck uth der Schrifft. Dan
left me dat Evangelium tho dem volcke gelert alfo. So
fchrifft de hilge Evangelifte Matheus. In dem leften
Capitel u. f. w. Dar na wenth he fick thom altaer und
finget. Ick gelove jn enen God. Und dat volck finget,
Wy geloven all jn enen God, Den geit de Prediker up
den predikeftoel, und vormanth en Pater nofter tho fprecken,
offt fingen Nu bidde wy den Hilgen geift u. f. w. na
dem dat de fefte finth, Pafchen, Pinxften, Winachten
u. f. w. Na dem prediken vorkündiget me nodige fake,
Und biddet vor de Overicheit und alle ander noed, dar
na wen de Predike gefchen is, wil me dan ene Prefatie
fingen, up de feftdage, de fchal me holden van den feften,
wil me ock up de fondage Prefatien holden, fo fchal me
fingen de Prefatien de Trinitate, So fchal de dener Do-
minus vobifcum anheven. Wen de Prefatio uth is, fo
fchal dat volck fingen Sanctus Latin Düldefch, wen dat
uth is, hevet den dener an dat bevel Chrifti, Vader unfe,
dar negeft finget dat volck, O lam Godes, offt dat Chor
Agnus Dei, Dan keret fick de dener umme und doet ene
vormaninge vor de Communicanten, Dar na gifft he on
dat liff und bloth Chrifti, Und dat volck finget Jhefus
Chriftus unfe Heiland u. f. w. Me moeth ock ordentlick

thom Sacramente gaen, dat de manne vor gaen, und de frawen na, Dar na wen dat volck is berichtet, left de dener vor dem altar ene düdesche collecten und sprekt latet uns beden My dancken dy u. f. w. den keret he sick umme, und gifft dem volcke vorloff; mit duser segeninge, Num. 6. De Here segen dy u. f. w. Men hefft jn vor= tyden in der misse gesungen Gotlose Sequentie sunder jenige beschedenheit, Solkes wille wy nicht mer holden, so wy nu uth Gades gnaden weten, dat God na sinem worde wil geeret sin und is alle Gadesdenft nichtes werth, de nicht nach sinem worde geschüd Math. 15. So wil wy van Winachten an wente tho Paschen singen de Se= quentie Grates nunc etc. und dar tüsschen gelovet sistu Jhesu Christ, und danck segge wy alle etc. allemal 2 versch thom lesten huic oportet u. f. w. van Paschen wente tho Pinxsten schal me singen de Sequentie Victime Paschali etc. darup Christ lach in dodes banden. Offt Christ ist erstanden etc. In dem Pinxsten overst schal me singen de sequentie, Veni sancte spiritus etc. und darup na twen verschen, Nu bidde wy den Hilgen gest, up der hilgen drevoldicheit dach den Introitum Benedicta, und Sequentia Benedicta sit sancta darup, Nu bidde wy den Hilgen geist, so me wil, Doch me schal wenich singen van langen Sequentien.

Van der metten offt morgensange.

Alle morgen scholen ene halve stunde vor der Predige, ene Antiphon, III latinische Psalme edder weniger, mit einer lection tho latine und twe tho düde singen, darup Te deum laudamus, ock to latine offt düdesch, Na dem,

dat Benedictus jn düdescher sprake, wente thor beteringe
schal yd alle geschen 1 Corinth. 14. De Antiphon, Psalm,
sampt allem dat de kinder singen schal one wol tho vorn
gebüdet werden und geleret in der schole, dat se nicht singen
alse de Nünnen den Psalter, den soban vorbüt Gades wordt
Math. 6, 15, und ordentliken unde erliken schal alles ge=
sungen werden, Nicht als de Papen ore vigilias und horas

1 Cor. 14.
Collo. 3. her murren, den Paulus secht latet yd altomale erliken
und ordentliken tho gaen Col. 3. Mit danckjegginge sin=
gende jn juwen herten dem Heren, dar jnne aller Papisten
geltsanck vorworpen wert. Jdt mach ock de Cantor der
schole underwile enen düdeschen Psalm vor de Antiphen
anheven laten off sunder antiphen stracks de Psalm na
dem tone anheven laten. Item des Hilgen dages schal de

Bonum
esset post
Benedic=
tus,
pueros
dimittere
usque ad
Missam. metten na der Papen gesenge vor dem Catechismo ge=
sungen werden, und na dem Catechismo dat Benedictus,
Und de kinder scholen upstigen jn der kerken, und den
Catechismum alse geprediket is mit frage ünd anthwort
oven manck dem volcke wente dat ydt seven sleydt, Den so
schal de mester und Cantor mit den scholeren de misse an=
heven als vorbeort is.

Van der Vesper.

Des hilgen dages schal me jn dem munster wenner me
ersten thom sermone gelüdet hefft, mit allen scholeren und
studenten Vesper singen, und als ene reine antiphen darup
na dem tone III Psalme min off mer enen guden Hym=
num, Als Vita sanctorum, Veni creator, O lux beata,
dar negest dat Magnificat alle lancksom jnnychliken und
ordentliken, so dat de mesteres den scholeren de Psalm wo

tho vorn vorstaen leren und also dat me den gantzen
Pfalter thor metten den erften deel, den leften thor vefper
vor.und na uth finge, und den wedder van voren anheve.
Thor metten Beatus vir etc. wente tho Dixit Dominus
van dar an wente thom ende jn der vefper.

Willen ock de Papen up der nygen ftadt und in dem
münfter unfe Gotliken und reynen Ceremonien mit den
mefters und fcholers fingen, und nicht vorfchmaden, Thor
metten, miffen und vefper, Alfe de Cantores anheven dat
konne wy wol liden, fo overft fe fick fchemen und vor=
fmaden unfe Ceremonien, fo fcholen ock de fcholers und
mefters ören gedöne und unfuveren Ceremonien nicht
volgen, dar tho uns duffe orfake bewegen als volgende
fin, Thom erften dat fe fick des Evangelii fchemen und
unfe gemeinfchop und Gadesdenft vorfmaden. Thom
anderen dat ore gefenge nicht gefeget fin und geluttert mit
Godes worde. Thom drüdden dat fe willen broders, dat
is Chriften heten, und doch orer vele fin, de nach jn
apenbarer horye liggen, Godes wort lafteren, Affgoderye
driven, Solcke unordentlike und fchäntbare Lüde, fecht S.
Paul fchal me miden und nicht mit one tho doende hebben,
ja ock genflick nicht mit one eten noch drincken, Noch
weniger mit one in dem Godesdenfte ftan, fo doch Godt
der denfte nicht wil, und unfe gebet fampt fodene fo me
idt wedt nicht gefchen fchal als Paulus leret 1 Cor. 5.
Thom verden dat Chriftus het de kinder tho fick bringen,
den folcher fy dat rike Godes, Dar umme fchole wy fe
nicht dar hen dringen, dat fe dat jock mit den unlovigen
dragen und gefmittet werden alfe Paulus mit der dat be= Acto. 15.
wifet, Dar he fine jungeren van den halftarrigen vor=

stockeden Pharisern afschedet und David segt ock me schal
sick der gottlosen genslick entslaen. Psal. 1, und Salo-
mon Prover. 4 secht, Leve kindt wander nicht mit den
bosen, sunder wick van on etc. Thom vyfften se singen
umme ores bukes willen, und wenthe, nicht als de kinder
thor ovinge jm sange, Ock singen se vel unordentlick und
hastigen na orer wise, dat de kinder dar nenen vordel
offte vorstandt uth hebben konnen, und sammelent hir und
und dar her tho hope. Thom lesten wen de Papen un=
schickliken singen so mochten de mester unrowe und hader
mit one hebben und se wordenn velichte mit der tydt up
ore olde gotlose gesenge wedder vallen, Hyr umme scholen
unse joget allene singen beth so lange dat sodaen gebröck
van one gebetert werde dar one God sine gave tho geve,
und make se beter, Amen.

Van der Erwelinge und affsettinge und vorsorginge der Predicanten.

De Erwelinge der Predikers und der anderen deners
der kerken is na Godes ordeninge by der Christeliken ge-
meine, dat wy en kerspel nomen, Van den Diaken, is
apenbar Acto. 6. van dem predike ampte secht Paulus
1 Tessa. 5. Provet alles und wat gudt is dat beholdet,
So nu de gemeine proven schal und dat gude beholden,
Is am dage dat by der gemeine, predikers und ander deners
tho erwelen und redeliker orsake aff tho setende macht sin
schal. So nu swerlick wer dat unse gantze karspel off ge-
meine so vaken scholde to hope komen und oren arbeid
vorsumen is vor gud angesen, und sint tho solcker er-
welinge der Predikers und kistenheren unde der anderen

deners den kerken Scholmesters ꝛc. vorordent, Ein Ersam
Raedt unser stadt, unde dertich personen off manne
XXIIII uth den ampten und VI uth der gemeine, in
bywesen der Predikers, dusse XXX worden uth begerte
unser borger, van enem Ersamen Rade, Amptmesters und
bystenders, sampth den Predikers gekören, und by orem
namen beschreven, Wen nu de erwelinge der kistenheren
jerlikes sehen schal, off sus ene erwelinge enes deners offt
yntsettynge, se scholen sick vorgadderen de upgenanten erwelers,
unde so van den XXX yemant vorstorven were, enen
anderen jn sine stede kesen und als dan mit guder thovor=
sicht und bede tho Gode den kore doen. So overst eines
Predikers nodich were wil ein Ersam Raedt und de Diaken
off kistenheren vorforderen enen gelerden man, de genog=
sam sy dat volck tho lerende als S. Paul schrifft Tit. 1
und 1 Thim. 3. wen me den averkomen hefft schal he
vorhoret werden van den Predicanten, und na orem ge=
richte van den upgemelten erwelers werden angenamen off
nicht, Wente enen unduchtigen mach me tho solckem ampthe
nicht staden. Düsse ordeninge is so gemaket, up dat alle
dinck Gotliken mage werden uthgerichtet, wente id were
vare so de erwelinge by wenich personen stonde, dat gelick
under dem paweste geschen is und noch leider geschüdt dat
dat Prediker und ander kerken ampth uth gunste, giffte,
gave, off fruntschop enem unduchtigen mochte bevalen
werden tho siner und veler lüde vordomenisse dat Godt
affwende Amen.

Id scholen ock nene Prediker gekaren werden, id were
dan dar God van sy, dat me nene hebben mochte de
leren konde, Allene um der Sacramente willen tho reken.

Den so lese wy 1 Thim. 3. Tit. 1. Ein Prediker schal
lerhafftig syn, den dat prediken is dat bevel und hogeste
ampth an dem alle andere hangen und volgen, Und wor
dat nicht is der anderen nene volget, Den so sprecket
Christus, Gat hen jnn de gantzen werlt und predikt dat
Evangelium allen creaturen und dopet etc. Und 4. Jo=
hannis steyt dat Christus nicht gedofft sunder geprediket
hebbe, und 1 Corin. 1 secht Paulus he se nicht gesandt
tho dopen, tho prediken overst sy he gesandt, nicht dat he
nicht dopen scholde sunder dat dat predikent vor her gan
scholde und dar negest dat dopent als en segel des wordes
volgen.   Item gelick alse ein Erbar Raedt sampt den
Diaken und XXX mannen enen Prediker tho forderende,
erwelende und tho jnsettende hebben mit ordel und vor=
horinge der anderen Prediger, so scholen se ock sampt dem
Rade und ordel der sulfften, enen unduchtigen Prediker
afffetten nicht na orem lusten und hate, sunder na der
schrifft, als wenner he unduchtig gefunden worde tho der
lere Math. 5. offt betengende ketterye vor tho dragen,
hemeliken off apenbar, off worde gewisslick gevunden up=
rorich, offt enes unerliken offt schantbaren levendes des he
nicht dechte noch wolde beteren, den dusse sake und der
geliken maken enen Prediker unschicklick tho dem hilgen
Gotliken ampte als geschreven steyt, Titum 1. Mathei 5.
1 Thimotheum 3.

Vorsorginge der Predicanten.

Dusse deners des hilgen Evangelii, scholen und moten
ock so se dem gemeine denen jn rechtschapener lere und
truwelikem denste vorsorget sin mit notrofft dusses tytliken

levendes dat se en erlick husholdent hebben und ores
amptes wol plegen mogen, unvorhindert mit uthwendigen
wercken, de neringe tho winnen, up dat se ock nicht orsake
nemen de lüde tho schinden, und umme tydlikes genetes
willen, untrüe in orem denste werden, dat den gewisse
schen worde, so se vorgeven se wolden umme sus denen,
des doch nemant don kan, he hebbe dan so vele rente jn
tho komen dat he solkes vormoge, den idt vordert so Got=
lick recht, dat me solcke deners vorsorgen schal als S. Paul
1 Corint. 9 bewiset uth gemenen Exempel de ock de vor=
nufft begripen kan sagende, Dat nemant jn den krich tütþ
up sin egen solte. Nemant plantet enen winberch und
etet nicht van siner frucht. Nemant weidet de schape, und
etet nicht van der melck, und do he solche gelickenisse vor=
geven hadde bestediget he se mit Godes rechte und sprecket,
Bede ick solkes up minschen wise, secht nicht solckes dat ge=
sette? und kort dar na, Also hefft de Here bevalen, dat
de jenne de dat Evangelium verkundigen, de scholen sick
ock van dem Evangelio erneren. Van dusser vorordeninge
des Heren lestu Luce 10 und S. Paul hefft solckes vaken
vormant als Gal. 5, 1. Thimo. 3. Titum 3. wente he
wuste wol wo nöde de werlt solcke lüde vorsorget, So wil
wy dar tho trachten, dat wy de Predikers besorgen mit
themeliker woninge na unsem vormoge und willen dit jar
(Anno 1. 5. 32) geven dem oversten Predicanten, . . .
Den anderen beiden jn dem münster jtliken . . . und ock
dem up der nygenstat, . . . wy weten wol dat solckes
wenich is tho jarliker vorsorginge, overst wy willen uns
beflitigen so jdt mit uns beter wert, ock dat son beteren
und vormeren.

Van dem rechten banne.

In der Christeliken gemeine und by der uthdelinge der Sacramente is ock nödich enen Christeliken ban tho hebben, Jegen de unordentlike Christen, und de jn schande vallen und beharren. Den wenner de sunde nicht ge= straffet werd plecht se drade overhandt tho nemen, Der= halven dat wy alle van naturen tho dem quaden geneget sinth, So moet jegen apenbare sunde apenbare straffe an= gerichtet werden, Nomlick dat de Evangelische ban, van

Mathei 18.

unsem Heren Christo jngesettet jn dem bruke sy. Overst des bannes schal me bruken jegen apenbare Eebreckers, Horenjegers, boven, dachlike druncenbolten, Godes lasterer, und andere de jn enem schantlevende sin, und wreveliken mit unrechte jegen andere lüde handelen, Dusse scholen flitigen vormant werden en off II mal dorch enen offte twe Predicanten dat se sick beteren, willen se nicht so holde me se vor unchristen, und vordomede lude, so lange dat se sick beteren. Dusse forme des bannes hefft Christus jn= gesettet Math. 18 und is gebruket under den Christen tho der tyd der Apostel 1 Chorinth. 5, so wille wy nener= ley wis solcke lüde thom Sacramente staden, sus kan me liden dat se thom prediken gan und gemenschop hebben, jn borgeschop und naberschap gelick als mit anderen Heiden und Joden. Dith is der hilgen schrifft ordel und richte, so se sick nicht beteren, welck ock jm hemmel bunthaftich is, wente ick schudt na dem bevele Jhesu Christi, Wat overst

Math. 18. Joha. 20.

wider van solken luden tho richten is, kumpt nicht den predikeren, sunder der Overicheit tho.

Van uthwendigem Chriſtliken wandel.

Up dat ock overſt en erlick levent manck den Chriſten
ſy, moth de Overicheit ock ores amptes ernſtliken plegen
jegen de yennen de ſick nicht willen van den predikeren
mit dem wort regeren laten. Den wo wol dat ſwert de
jnwendigen fromicheit, de vor Gade gelt, nicht erholden
vormach, ſo erholt ſe doch de uthwendigen, Dar tho ſe
ock verordnet is, rechte Chriſten bederven orer nicht thom
dwange, Sunder den boſen is ſe thor ducht und fruchten
Roma. 13. Id bethemet ſick ock dat de Chriſten, beneven
der ynwendige fromicheit des gelovens ock enen uthwendigen
Chriſteliken wandel voren, De nicht allene den guden de
nicht drade ergeren, ſunder ock den quaden de ſick balde
ergeren unergerlick ſy, Wente ſo den Chriſten en boſe
ſchantbar levent voren geven ſe orſäke der laſteringe des
namen Godes, under den Gotloſen alſe Paulus ſecht Röm.
2. uth dem Propheten Ezechiel. Ezech. 38.

Ock vormanet de leve Apoſtel ſus, dat wy de gnade 2. Cor. 6.
Godes nicht vorgeves entfangen, dat is nicht allene horers
ſin des Evangelii ſunder ock deders, und en gudt ſchinbar=
lick levent voren. Tho ſollem is ſchuldich de Overicheit
und gantze gemene allen flith tho wenden, aff tho donde
und tho ſtraffende allent wat ergerlick is, wente ſo ſe dat
nicht don, ſtraffet Godt und de ſtraffe is uns tho ſwar.
So leſe wy jm verden boke Moiſi am 25. capitel, dat
Godt de Here gebodt he ſcholde alle forſten des volckes jn
den galgen hangen, darumme dat ſe dem volcke nicht ge=
weret hadden orer Affgoderie, de ſe gedreven hadden mit
dem affgode Baal peor, wen overſt ſolcke ſtraffe komet,

aver folcke funde fo moth de unfchuldige mit dem fchul=
digen her holden, alfe wy dat dachlikes erfaren jn pefti=
lente, düre tydt, und der geliken. Ick fwige dat daven
de tydliken ftraffe de ewigen ftraffe volget offt vordome=
niffe, fo wy uns nicht beteren. Und up dat wy de bete=
ringe von dem hilgen hufe des Heren anheven, dat is,
von den de wy geiftlike nomen, und wol dat huß des
Heren fin fcholden, fo ock God wil dat de beteringe ange=
haven fchal werden, alfe wy lefen Exo. 9. fchal den geift=
liken nicht werden togelaten unchriftlike fenge in oren tyden
der fe gar vel hebben, dar fe Godes lafteringe apenbarlick
jnne hebben, und voren alfo gemeinlick den namen Godes
vorgeves jn allen gefengen van den hilgen wenich uth=
genamen, Wente dar fteht gefchreven Exod. 20. Du en
fchalt den namen Godes dines Heren nicht vorgeves voren.
Iffet fo alto male vorgeves genomet den namen Godes
des Heren, wen fe jn der ftede des wordes Godes fingen
Godeslafteringe, alfo dat Maria fchal fin in dor thom
hemmel, wo wil fick dat rymen mit deme dat Chriftus
fecht Iohan. 10. Ick bin de dör, Hyr moet Chriftus
legen, offte de papen, beide können fe nicht war feggen,
na dem male nicht mer dan ene doer is thom hemmel,
Ioha. 14. Chriftus aber kan nicht legen, de wile he de ewige war=
heit is, So legen de papen wen fe fingen Maria fy en
porte thom hemmel, und dan noch folckes moet de ere
Godes und Marien heten, dergeliken lögen, und lafteringe
fint noch vel mer, de wy nu nicht anteken umme der korte
willen. Wo wol overft dat unfe Overicheit und gemene
folckes nicht mede fingen fo fe overft idt nicht wenden jn
dem fe konnen fin fe fo fchuldich an der lafteringe alfe

den Papen fulven. Wente dar stedt geschreven Godt din
Here wert nicht unschuldich holden de, so den namen Godes
vorgeves voren, Des Gotliken drowendes mothe wy uns
alle annemen, so dit nicht gebetert wert. De papen overst
de noch hüte dages, up den berch lopen na older wise,
ore misse holden, offermisse und lasteringe, so de Overicheit
der nicht straffen ein wil, mothe wy se Godes richte be=
velen, jdt wil one doch swar genoch vallen beide den laste=
rers und bewilligers Roma. 1.

Jdt is ock nu am lechten dage, dat de lere so den
echten standt vorbüdt, Düvelsche lere is 1. Thimo. 4. und
wedder umme de estandt ein Gotlick und erlick dinck is,
unde schal ock so van allen Christen geholden werden Hebre.
13. Nicht so tho verstande dat jemanth moge jn horie
besteken bliven, und nochtans mit dem munde spreken de
Eestandt sy eerlick, sunder so sprect de Text. De Ee schal
erlick geholden werden by allen, dat is als Paulus secht
2 Corinth. 7. En jslick schal sin Eefrowen hebben umme
der horie willen tho vormeden, war umme dat, wente de
horeniegers und Eebrekers wert Godt richten. Ock wil S.
Paul zu velen steden dat wy vormiden scholen de horeniegers,
und so me der mede dorch den vinger südt, valt de schult
up de gemeine, so wy lesen 1. Corinth. 5. dar umme is
nicht tho dulden, dat apenbar horie geleden werde jn jeni=
gen personen se sin geistlick offt wertlick. Dar beneven
gelick alse horie nicht is tho dulden under den Christen,
so is ock in nenem wege tho liden schentlick vulsupen, als
wy lesen 1. Corinth. 5. Luce 21. Sunderliges de mith
grotem vorachten Godes wordes geschüdt, tho welkers und
warheit hefft Christus und sine Apostel, und alle martelers

Heb. 13.
2. Cor. 5.
6. 7.
Ephe. 5.
2. Tes. 4.

ore bloot vorstortet, und wo wol wy alle quadt, nicht
tonen weren, noch alle dur utleschen, sint doch jn nenen
wege tho dulden de lesterliken gelage ytliker geistliken und
wertliken de geholden werden des hilgen dages jnn berne
wine, mit groter vorachtinge Godes wordes, Nicht allene
dat se solkes nicht horen, sunder ock jn oren böven gelagen
lasteren, Hir up horet der Overicheit mit ernste tho sende,
dat sondens und der geliken na blive. Tuchtige und er-
like Collatien und der borger off der ampte gilde, tho er-
holden fruntschop, naberschop, und selschop und sodann up
de kinder und nakomelinge tho bringen, dar ut den tydlick
frede kumpt, schal nicht vorbaden sin, doch dat dar Christ-
lick tucht und frochte by sy. Overst de nachtgelage fretent
und supent, dobbelen und spelent, lasterent unde wedder-
speckent jegen Godes wort und de Overicheit, kiven und
slaen, dat jn solcken gelagen schüdt, mothen ersten de pre-
dikers hartlick straffen mit dem worde, gelick alse de Pro-
pheten und Apostel gedan hebben, De solkes nicht liden kan
de late idt na, so is nicht van noden tho straffen. Apen-
bare lasteringe des worts Godes des aventmals unses leven
Heren Jhesu Christi, und ander lasteringe is unse Ove-
richeit schuldich tho straffen, des geliken ock de bilde aff tho
donde dar Affgoderie vorschüdt is de Overicheit ock schul-
dich gelick one en Exempel hefft gegeven de hilge Koninck
Ezechias.

Rom. 1.
Esai. 5.
2.Pet. 4.
Pro. 10.
Gal. 5.
Belde.
4.Re.18.

Van de virdagen.

De Christen holden enen ewigen virdach, als den ock
de Propheten tho vorm gewissagt hebben dat ydt vorhan-
den ware, dat de ene Sabbath by dem anderen, ein nie-

mant by dem anderen sin worde, dat is en geistlick hillich ewich vire, dat de kinder Godes, offte gelovigen stille holden van oren dingen, willen, vornufft, begerten ꝛc. und aver alle nichtes don mit hande mit munde, offt mit jenigen dancken, welck Godt nicht jn one wercket, Als Paulus secht, Jck leve nu nicht, sunder Christus jn my, So den virdach offte rowe dach, hefft Christus jm grave sinem hemmelschen Vader geviret sprekende tho vore Vader idt gesche wat die wille is, Dusse vier get hir vullenkomliken jm loven ersten an overst jm ewigen levende wert idt rechtschapen geschen, und is bebüdet dorch den Sabbath der Joden welck nu thom ende is.

Dusse rechte vire is vast vielmal gelert, und wart noch dachlik gedreven, und gy waten idt nu als dat Godt sprecket, du schalst den vyrdach hilligen, dat is du schalt van dem quaden afflaten, und laten God jnn dy wercken. Ero. 20. Deut. 5. Wat grotes misbrukes uth dem groten mannichvoldigen vire des Pawestes erstanden is am dage, Erstlick hebben se unse conscientien vorstricket mit der vire jegen den hellen Text Col. 2. Dar na is nicht gudes in den virdagen geschen, de Papen hebben Godt gelastert, mit velen offormissen, de leyen mit supen freten und lebbich gan horen und boven spelen und dobbelen, dat moste viren heten. Wy overst hoiden de vire umme der predige willen, und dat unse gesinde moge rowen und Godes wort leren und horen. Tho sollen hilgen dingen wille wy viren alle Sondage, alse alle tydt by den Christen is wontlick gewest, nicht uth bode sunder zu Christeliker friheit.

Dar tho de dre groten feste, Nomplick Winachten, Paschen, Pinxsten, und up in juwelick is, dage na einander,

und me schal Prediken als den vormidage und namiddage.
Item, des Nyen jars dach, Der drier Koninga als man
so nomet, Lichtmissen, unser leven frowen vorkundige, Des
Heren Hemmelfart, Johannes Baptisten, Marien berchganck,
unde Michaelis dach. Dusse virdage wille wy holden
umme des prediken willen, wente alle dusse feste hebben
Christelike gesenge. Derhalven wy des hilgen lichems dach,
Marien Hemmelfart, gebort ꝛc. nicht holden vor Christelike
feste, dat solke Historien und gesenge idel lasteringe Godes
sinth, der hilgen Apostel und Marien Magdalenen, St.
Laurentii dechtnisse scholen gelecht werden up den negesten
sondach na orem Calender dage nicht allene up dem Pre-
dikestole, Sunder ock by uns sülven in unsen hüseren,
Wente darumme nome wy dusse virn an, nicht dat wy
lebdich gaen, sunder dat wy uns mit nütten dingen be-
kummeren, tho samende komen singen und laven God,
beden vor uns und anderer lüde nodt, lives und selen,
Dat wy van dage mer erlüchtet werden in der erkenntnisse
Godes und unses leven Heren Jhesu Christi, und tho
nemen in der leve unses nagesten, Sunderlikes overst dat
wy up solke virdage mit unsem gesinde den gantzen dach
mogen horen dat wort Godes, de husheren, kinder knechte,
und mageden de teyen gebode, den geloven, und dat vader
unse leren und in solken stucken se vorhoren, den solkes
hefft on God gebaden und wilt ock in jennem gerichte
van an vorderen.

Ende des ersten deels.

De ander deel der Ordinentien van der schole unde Costerie.

Manck allen anderen nodigen saken, is sunderlinges von noden enes guden scholemesters, und guder schole dar inne de joget werde upgetagen, jn denn fruchten Godes, und ock jn guden künsten. Wente gelick alse en schon bomhoff mit sinen jungen paten besettet wert, des geliken werden ock de stede mit lüden besettet und jo beter se van junck upgetagen sint, desto mer diet ene stadt wenner de joget wol ertogen wert, Unde is vaken en from Gotfroch= tich gelert man, ener gantzen stadt ja enem gantzen lande offtmals fruchtbart und heilsam, alse wy dan van dem lot lesen, und van dem Naaman uth Sirien, umme wel= keren willen velen wol geschen is. Wat is doch manck allen unsen tydliken güderen beter wen unse kinder, Overst wat de wy, hus, hoff, acker wissche, renthe, erve 2c. be= schaffen wy one, orer overst den wy solke güder vor ar= beiden, hebben wy nene acht, und fragen nicht dar no, offt se dyen off vorderven, Gelick als wan jemant den sco hegede, sunder den vuete late he vorderven, O der groten vorsumenisse, und des unvorstandes, Unse kinder sint uns van Gode geschencket nicht dat wy se jn grote güder, gelt, und Erven setten schollen. Den solckes wil Godt wol vorsorgen, Sunder dar tho, dat wy jn sinen frochten, leve und urkenteniffe up then scholen, alse he ge= boden hefft. Jn dem vifften bok Mosi und sus jn allen ^{Deut.} enden der schrifft. Dussen Ernstliken bevel Godes des Heren bevinde wy ock hir inne, Dat do Godt de Here wolde Sodoma und Gomorra vorgan laten, hefft he sodan dem hilgen Abraham geapenbart tho vorn, Darumme dat Abraham sodan werck Godes worde sinen nakomelingen und

6*

kinderen vortellen, und thom frochten Godes jn belden, wo mannich is nu wol van den Chriſten, de duſſem Abra=ham na volgen, und lere ſine kinder offte lathe ſe leren, de groten güde und barmherticheit Godes jn ſinem leven ſone uns bewiſet, wat de love ſy, wat de dope ſy, und war tho uns de Sacramente nütte ſin, Ja ſe weten idt ſulven nicht. Idt gifft uns ock Salomon an Exempel, wo trüweliken de olderen ore kinder underrichten ſcholen, und laten undermiſen jn den by ſprocken dar he ſecht, Ick bin ock en junck knape geweſt und min vader hefft my gelert den früchten Godes, Dar tho de ſulve Salomon jn
Prov. 4. dem ſulven boke wo lefflick leret he ſine kinder, und is wol loflick he hebbe dachlick ſin geſinde, und kinder vor de hant genomen, und alſe en truwe ſcholmeſter jn der ſchole gelert.

Hyr her wil idt ſick ock vinden dat wy leſen in den boken der Koninge und in der Croniken dat de Preſter
4.Reg.11. 2. Para. 24. Job. 1. Joiada, dede by dem jungen Koninge Joas, den he ſlitich in Godes fruchten upthoch, und den nach wedder hinder na vordörven wart van ſinen Reden und Forſten ꝛc. Wat ſorge habbe Joab vor ſine kinder dat ſe ſick jn Godt vor=ſundigenden mit orer gaſterie. Unſe kinder leren ſupen und freten, dobbelen und ſpelen er ſe vader unſe konnen recht ſpreken? Wat dede Tobias by ſinem ſone, mit leren? Wat ſlites wenden de olderen Suſanne an ſe als wy leſen Danielis 3. Vorwar idt kumpt dan noch wol dat idt ovel redt, mit den kinderen, wen men rede allen ſlyth an ſe wendet, Alſe idt David weddervaren is, dem truwen
2.Reg.2, 15. guden vader mit ſinen kinderen alſo mit Abſolom und Adonias, Des geliken ock dem hilgen Propheten Samuel

wedderworn, welker he sine kinder wol ertogen hadde, den= 2. Reg. 8.
3. Reg.
12.
noch ovel geraden is. Wat weddervor Salomon mit Ro=
boam sinem sone? den he doch sunder twivel wol unde=
richtet hadde und doch hinderna onen vorderff genamen?
Wat geschach Abraham denn de enige Isaac gedegen hefft!
Wider vinde wy in der schrifft, dat manck Jacobs kinderen
sine ock gewesen, dar jnne de vaderlike tucht und lere is
vorlaren, Als Dina sin dochter wol uthwiset. Wat wil
wy van Eli seggen, de ys sinen kinderen tho weck gewesen, Gene. 34.
und der halven sick und dat volck unde kinder jn jamer
und noth gebracht.

Dith seth nun wol an, hefft idt dussen misgelungen
de doch up ore kinder truweliken gesen hebben, wo wil idt
doch mit uns tho gan, de wy mer sorge und moie dragen
vor koye swine und schape wen vor unse kinder, Den wy
enen herde one thom besten holden und laten uns dat vel
kosten, Vor de kinder overst geve wy node enen verinck
dat se wol ertogen und gelert worden, Is dit nicht en
kermelick dinck? Unse kinder offer wy erstlick Christo wen
se gedofft werden, dar negest dencke wy das nicht mer,
dat se mogen dar by bliven, by vasten loven und rechter
fromicheit, wo sin wy doch so trach, So wy horen dat Mar. 10.
Luce. 6.
Christus unse leve Here so freuntlick de kinderen tho sick
locket, und nemet se in de arme und spreket oer sy dat
rike Godes, segent se dar tho und straffet sine Jungeren
de dar vorboden me scholde se nicht tho ome bringen. O
welck ein leff truwe scholmester is dat, och unser groten
bosheit, da wy uns der joget so trachlick angenomen hebben
und noch annemen, So doch Christus secht dat ore Engel
dat angesichte Godes stedichliken beschowen. Math. 19.

Lovede wy dith so worde wy se nicht wedder Christum
vorbomen, und vorderven laten up der strate lopen laten,
sweren, sloken unde alle bosheit leren so de bose geselschop
ein sunderlick senin is der joget, als geschreven steyt, de
dat peck anroret werde besmittet, Darumme ock de jungen
kinder und scholer van der Papen gemeinschop scholen ga=
tagen werden uth oren quaden Godesdensten und Cere=
monien. So is idt jo hir uth klar genoch, dat wy nicht
beters unser joget don konnen, den dat wy beschaffen ene
gude schole, und laten se wat leren, dat wy mogen thom
geistliken und wertliken regimente fine lüde up then, Den
Godt wil nu nicht mer alse up den Pingstach geschach
Prediker van vischeren und anderen graven lüden maken,
dat den ock wol de Apostel und ore Jungeren behartiget
hebben, und eine gude Christlike schole tho Alexandrien
tho gerichtet, de Christelike lere ock an den nakomelinge
tho bringen de alse wy in den olden Historien lesen.

Euseb.
ecclef.
Hiftor.
lib. 5.
cap. 10.

Dartho hebben ock gedacht, Keisers, Köninge, Forsten und
Heren, un de hebben gestichtet vele gestichte, und mit velen
friheit berechtiget, Renthe und güder dar tho gegeven,
Overst sodan alle is gedegen thom ergesten, dat me allene
de namen, Als Scholasters und Cantores gebleven, dat
werck overst is in slemmen handel vorkeret, wo wol se
doch ore renthe und gülder like wol boren, Och quemen de
fromen Könige und stichtigers einmal wedder, und vunden
solke lüde in orem stichten und gülderen, werlick se worden
se recht reformeren, als den ock Godt hebbes loff, vele
Forsten und Stede sin, de solkes betengen und gude schole
tho richten vor de joget. Wat mochte der Christenheit
doch schedeliker sin alse de vorstoringe der schole, dar mede

ock under gan is under dem Pawestdome, dat hilge Evan=
gelion, Den so drade de schole sin vorandert und vor=
dreven in Monikerie und Paperie, offt mit valschen lerers
bestellet, is de reine lere der Apostel vorvelschet, und min=
schentant wedder upgekomen welkerer bosheit des Düvels
wy ein Exempel vinden, den de bose Tyrannische Keiser
Julianus apostata, do he mit dem swerte, und dromen, Euseb.
eccl.
Histo.
lib. 10.
cap. 32.
und raserie nicht vormochte dat Evangelium tho dempen,
gaff ome de Düvel einen anderen Radt jn, dat he den
Christen alle schole vorbeden leth, up dat wan se nicht stu=
deren, drade underliggen mochten. Dussen Radt gifft de
Düvel jetzundt ock vor, Idt sy nicht nodich dat de joget
Latin lere, up da se jo nicht van den tungen vorsta, noch
van anderen kunsten, und de Düvel also sinen willen hebbe.

In der kinder tucht sin de Joden slitiger, unde laten
idt sick mer kosten wen de Christen, Dar tho de Romer
und de Greken, deden ome also dat se gelerde menner
upthogen, Allene wy Christen menen idt sy genoch, dat
wy unsen kinderen gelt und gudt Erven, Darumme geidt
ydt und als wy billick egen, dat wy nergen van weten,
So doch Godt unse vader solckes velmal geboden hefft we
schole der joget acht hebben Proverb. 23. Lat nicht aff
den knapen tho tüchtigen den offt du one rede mit der
roden slest, stervet he nicht darvan, du howest one, overst
du rüddest sine sele uth der helle, Item Proverb. 29.
Rode und straffe gifft wisheit, overst ein knape ome sulvest
gelaten bedrovet sine moder. Dit hebbe wy dar umme
hir her getogen, up dat eine gude vormaninge stedichlich
schen mochte up dusse wise, van den Predicanten tho dem
volcke van der schole, und de Prediker scholen stedeliken

vormanen und anholden dat de lüde ore kinder thor schole
schicken und wat leren laten, Idt wil overst ein Ersam
Raedt ock dar wol tho trachten dat ore gemene beste der
schole wegen nicht vorsumet werde, Den so se ander dinge
welle, und muren, bruggen und steinwege vordorere, und
dar up senn alse billich is, wo vel mer up orer borger
kinder, dat de mogen eine gude schole hebben dar tho wil
dan von noden sin alse hir volget.

Scholemester und sine gesellen.

Ene schole wille wy holden vor unse knapen, dar jn
uth beiden steden de joget tho hope komen moge, midden
jn unser stadt, wol belegen beiden steden. Dar tho den
van noden sin, dre frome gelerde tüchtige menner, ein
Magister offt Rector, und twe gude gesellen de Rector jn
dem studenten hove, schal negest dem Magister Conrector
sin, de gesellen moten wol singen konen, so dat de eine
jm munster mit deme Magister, de ander mit dem stu=
denten mester up der nigen stadt den sanck vorwaren konne.
De Magister schal in Latinscher und Grekescher sprake guder
mathe wol vorfaren sin, up dat he ock, so idt nodich sin
worde, ein offt twe maal, vor de gelerden jn der weken
lection don konne, und ock den Predikern behülplick sin
moge, wenner de Düvel Rotten und Ketterie erwecken
worde idt scholen overst dusse mesters alle, leffhebbers des
Evangelii sin und nene supers, nene bolers, nene horen=
iegers, sunder erlick, offt sus doch eines guden unberoch=
tigen namen, und guder getüchnisse, wente also der wise
man secht de dat peck anroret wert van ome besmittet, also
wen de mesters bose sedich sin, so wert de joget ock also.

Van der esskinge der mesters.

Dit is sus lange eine wise gewest, dat de Papisten annemen vor scholemesters, we one gelt gaff offt blot= vorwanthen, umme gunst, stecke penninge, und segen nicht an gerochte, fromicheit, kunst, dar uth dan gekomen is dat de schole vordorven unde de armen gesellen bedragen sint, Hir umme schal jdt nu nicht mer by enem stan, Sunder gelick alse de kor der Prediker Diaken und Kosters by der gemene offt kerspel dat is by dem Ersamen Rade, kiste= hern, und by den vorordenten XXX mans, jn stede des gantzen kerspels und der gantzen stadt. Und so ock ein van den scholegesellen worde unduchtich gevunde schal he ock van den vorbenompten vorlovet werden, Doch schal me jdt don uth rede und vorhoringe der Prediker, da alle tydt scholen de mesters Examineren, offt se ock duchtich sin, jdt sy sake dat ore kunst one rede bewust sy, Und de schole= mesters scholen den Predicanten gehorsam sin, und sick jn der kerken und sus ock alle tydt na one schicken, dat se nicht sulffserich und stolt sin.

Arbeidt der mesters jn der schole.

Ore ampt schal sin, dat se erstlick mit allem flitte und truwe, und ock ordentlick na vorschrifft und Exempelen der gelerden Quintiliani, Rodolphi Agricole, Erasmi Rotero= dami, Philippi Melanchtonis, und anderer guden Ordi= nantien, der van Brunswick, Lübeck, de joget jn kunsten leren und regeren jn der schole, Wente Dar sint vele ge= wesen, de dar jn der schole gelesen hebben wat one vordel dede, und de bockvorer one vorkofften, dat mosten dan de scholer ock kopen alle halve jar vele groter, schwarer, un=

nütter böte, dar mede de kinder beswret sint und vor=
dorven, Hyr umme is idt van noden, dat den magisteren
ein sticke gestecken werde, wat und wo se lesen scholen, de
kinder scholen se ersten na grade also se komen, vorhoren
und enen joeren hupen sine lectiones vorlesen vorstentlick
und ordentlick.

Der erste hupe.

Hyr jn schal de mester de gelerdesten gesellen voorordе=
neren, de ore Grammatica gudermate wol weten und den
Terentium, Colloquia Erasmi ꝛc. und ore Epistelen schri=
ven und versch maten, ock ein deel gelert, vor dusse schal
me lesen vor und na sunderlingens.

Artes dicendi. Rethoric. Dialect. Philip. Grammatica
Diomedis. Terentium, Comediae Plauti. Prosodiam Phi=
lippi. Epistolas Ciceronis. Sintaxim Linacri. Metamorpho.
Ovidii. Greca Grammatica Philippi. Elementa Hebrae
linguae. Erasmum de copia und de conscribendis epistolis.
Officie Ciceronis. Und vor allen dingen mothen de me=
sters de gesellen wol jn dem Cicerone und Terentio und
jn fledelikem Componeren, und den Terentium von uth=
wendich leren, exerceren, und dat se ock de Musiken beideley
leren, und fledlick latin manck ein ander reden und wes
sus mer ein gud Magister erdencken mach thom besten der
scholer, den idt hir nicht alle vorvatet sin kan, als der
hilgen schrifft.

De ander hupe.

In dussem hupen scholen gesettet werden, de dar leren
ore Grammaticam, und komen vast lesen und wol schriven,
vor dusse schal me wenich boke lesen, alse volgen.

Elementa Gram. Philip. Sintaxin eiusdem. Epistolas
breviores Ciceronis.

Paedologiam Mosellani. Cathonis disticha. Colloquia
Erasmi. Nucem Ovidii ꝛc. Fabulas Esopi. Bucolica Vir-
gilii und der geliken.

In sunderheit dat se jo vaken ore Grammatiken leren
van buten alle regulen, und Latin tho hape spreken, und
alle ore Epistolas schriven, offt fabulas jn latin setten,
offt dialogos schriven, Ock schal me one den Catechismum
tho latine lesen, offt Elementa pietatis Johannis Agricolae
offt der geliken, und up de hilgen dage Epistolas und
Evangelia grammatice exponeren.

De drüdde hupe.

Hyr jn schal de scholmester setten de jennen de nu noch
lesen leren, und oren Donatum Grammaticam erst an-
fangen offt or kinder bock, dussen mach me mit der tydt
se nu de grammatiken halff und halff lesen konnen, Di-
sticha Cathonis vor schriven, und construeren und en latin
vorschriven, den Donatum van buten leren laten, und dat
se formas declinandi und coniugandi mit der tydt kennen
leren, und dat me den parvum Catechismum one vorlese
daruth bockstaven leren und nicht velerleye fibelen, dat one
hinderlick is, Dar negest enen groven Donatum, Me mot
one ock sumnige vocabulen alle avende vorschriven de se
oren olderen mede tho hus bringen, Und dat se jo jn den
Catechismo wol geovet werden, de se ock wo vorgetelent
is, jn der kerken jegen ein ander reciteren scholen na der
ersten Predike.

Van den ſchriffſcholeren.

Men kan ock noch nene ſchriffſchole liden noch jenige winckelſchole binnen offt buten unſer ſtadt up dem berge, Sunder up dat de rechte ſchole nicht vorlediget werde, und de jungen ock ſick nicht tho hope ropen uth velen ſcholen, und dat ſe ock jn Godes worde und dwange wol ertogen werden und ſampt den Latinſchen jnn den kerken mede ſingen, So ſchal me enen ſunderliken hupen thorichten von de düſchen ſcholer jn enem afforde jn der ſchole und den moet me wol vorſchriven rechtſchapen gude ſchrifft ꝛc. als de ſchriffmeſters weten und reken leren, ock ſetten ꝛc. Und vor alle, dat ſe jo den Catechiſmum mede leren, und mit den anderen jn der kerken na tyde up ſeggen. Item de meſters moten ſick befliitigen de joget tho oven jn figura= tivis tho ſingen, doch kortlick dat idt nenen vordrot make dem volcke. Wenner dat de brudt tho kerken geyt, dan mogen ſe jn figurativis ſingen na orem gevalle, ſo de brudt den Cantoribus oren willen dar vor maket, ſus droven ſe dat nicht doen.

Item wenner jemandt ſtervet, und de ſcholemeſters mit den ſcholeren gefordert werden thor begreffniſſe, ſo ſchal de meſter ſingen, uth deper noed, Midden wy jm levende ꝛc. God de vader wonne ꝛc. wat me one dan geven wert ſcholen de geſellen under ſick delen wenner dem Rector ene vorſoldinge gegeven wert.

Stede der ſchole und vorſorginge der meſters.

Wy willen ock thor ſchole eine wohlgelegen ſtille und warme ſtedde hebben und bequeme ſtede vorſchaffen, na tyden de kloster vorlediget werden, Dem Magister wil wy ock frye husinge besorgen wol der schole belegen. Jdt were sake dat he alrede husinge hebbe, by den sinen so he eines borgers kindt were. De Conrector so he doch der studenten mester is, hefft mit sinem gesellen rede husinge, Im have und dusse twe mit den studenten und kinderen und scholeren up der nigen stad werden des hilgen dages dar sulvest den sanck vorwaren in S. Johannes Carspel und sick na dem Prediker schiken und richten.

Item wen wy vormogen wil wy dem Magistro uth der schatkisten jarlikes lonen. Item den twen gesellen alle jar. Item dem Conrektor unde sinem gesellen lonet de hoff als wontlick is. Dat schole lon schal sin den fromeden des halven jars. Den riken borgers kinderen der halven jare, Den armen kinderen des halven jars.

Den jennen overst de gar nicht vormogen, scholen de kistenheren uth der armen kisten ein themelick scholerlon vorschaffen und by dem scholmester jn de schole bestellen, da sulfften mogen der kinderen olderen offte frunde anspreken und bidden. Jdt mogen dan de Magister mit den gesellen dat schole lon delen, so dat de Magister de helffte neme, de anderen helffte de gesellen under sick delen. Item de Magister schal vorplichtiget sin den borgeren mit truwe an tho seggende, so de kinder 1. jar offt II. jn de schole gingen, und nicht ein leren umme groffheit willen des vorstandes, dat dan de Magistri wol merken konnen, dat se se by tyden tho anderen Gotliken ampten bringen und leren laten und nene unkost dar up vorgeves driven, de overst geschiket werden bevunden und vorstentlick, dat se anderen lüden denen mochten jm geistliken und wertliken

regimente, dat dat me de Gode thon eren by dem latine
beholde, und dar tho de olderen trüwelick vormane.

Van der junckfrowen schole.

Idt is van Gode so wol gebaden de megedessken also
de knapen recht jn Godes frochten up tho tende, und de
Joden hebben solkes altydt gedan, und jdt, sin sine hillige
junckfroken wol ertogen in Christliker lere, umme des hilgen
Evangelii willen gedödet, als Agnes Barbara ꝛc. Solcke
junckfrowen sint truweliken in Gades worde gelert worden.
Und jn anderen steden werden solke scholen vor de junck-
frowen vorsorget, So is idt nicht ringe nütte dar jnne
gelegen dan de junckfrowen komen van der strate, von un=
tüchtigem gesinde, volcke, gesten, drenckers, und horen nene
untucht, und leren ock nene schentlike rimeleder, Als sus
lange geschen is, und dar werden hinderna gude husfrowen
uth, de er gesinde weten und kinder jn Godes fruchten
up to thende und leren wo se wanner se oren olderen
denen offt se beraden is wo se sick holden schal und habben
jegen man gesinde und kinder.

Hyr umme wil ein Ersam Radt sampt den kistenhern
dar mit der tydt tho trachten, ene frome, erlike, Christlike,
Gotfruchtige, frowespersonen beschaffen, de wol lesen und
schriven konne de de kinder lere, Unde de sulffte schal mit
den junferken, ock wen me predikt thor kerken komen su=
verlick up der rige by paren mit oren Testamenten offt
sanckboken ꝛc. Unde se scholen des Sondag morgens dar
by sin wen de kinder den Catechismum yn der kerken sick
under einander fragen dat se den ock mede leren. De
mesterinne schal den kinderen nene unnütte boke leren sunder

den Catechismum, dat kinderbock, sanckbock, Psalter und
dat Testamente. Idt moth ock de Magister der schole und
der Prediker ein mede upsent hebben up so dann schole,
dat idt so erlick und recht tho ga wente dar is vel anne
gelegen. Der meisterinnen moth me frie husinge bestellen,
dar se bequemlick schole holde, den iht is nicht sin dat me
de megedeken hyr und dar han jn den winckel den mans-
personen bevelt sunderlick de unelick sin, So ock de meste-
rinne enen erliken man hebbe de sulve konde so vel de
beter dar mede up sen, doch dat de tucht allene van der
frowen gesche. Idt scholen und willen de jünferken und
ore olderen de mesterinne wol vorsorgen und lonen, war
or overst noth sin worde so mosten de kistenheren or hant-
rekingen don under wile, wor mede se vormachten idt
ware mit holte offt mit korne, als ein anderen wegen ge-
schübt.

Van der Kosterie und Organisten.

Man moth ock jn jtliker kerken enen koster hebben de
dem kerspel dene, upslüte, de kloeken lüde, drege water jn
de döpe, sy by dem altare, schaffe brodt und wyn, Dusse
schal angenommen werden gelick wo den Prediker van den
kistenheren rc. und enes guden levendes, nein super, dob-
beler noch horenieger noch dem worde Godes ein jegen rc.
Und schal den Predicanten gehorsam sin, nicht under ogen
murren, sunder don jn der kerken wat se ome heten und
flitigen sines amptes plege.

Ock is nicht jegen de schrifft, dat me enen Organisten
hebbe jn enem jderen kerspel, de wile de orgelen nu vor-
handen sin, und sodan klanck de lüde lüstich maket thom

bebe und jnnicheit und de lübe de welen dorch viel moye
jm arbede gelegen, als dan wol bederven vorquickinge ꝛc.

Ende des anderen deels.

**De drüdde deel der Ordinentien van der Vorforginge
der armen, Und van dem Diaconampte und van der Ehe.**

Na guder vorordninge und beforginge des Predike=
amptes und fchole, wille wy ock unfe armen na allem vor=
moge vorforgen. Wenth dith is de rechte und warhafftige
Godesdenft, Dat wy Godt erkennen jm loven vor unfen
vader und Heren, und den he gefant hefft Jhefum Chri=
ftum, und den jnwendigen loven mit uthwendigen guten
wercken, als wol woldat an unfem negeften bewifen, Als
Math. 9. dan ock Chriftus den fchrifftgelerden und Phariferen vor=
holt uth dem Propheten Ofea, he wil nene offer funder
barmherticht, Und unfe Here Jhefus Chriftus wert ock
folckes van uns forderen am jungften gerichte als wy lefen
Mathei. 25. Wil wy dan Chriften fin fo mothe wy jo
dat jn der frucht bewifen, und de armen vorforgen, Sun=
derlick fcholen dat don de riken den Godt vorlent hefft
dat fe folckes vormogen tho donde, Als Paulus bevelt
flitigen tho leren 2. Thim. 6. Des geliken fint ock fchul=
dich tho donde na orem vormogen alle handtwerkes lübe
und arbeiders den Godt gelück gifft, dat fe fick mit orer
hande arbeidt wol erneren konnen dat ock Paulus leret
Ephe. 4. Solcke arme fint nu jm erfte de hufarmen,
und handwerckeslübe de dat nicht vorfupen offt unnütte
tho bringen funder arbeiden flitich, leven jn aller redelicheit,
und hebben doch dar beneven ungelucke, dat fe not liden
ane ore fchult, Item de dorch kranckheit edder feil orer

lethmathe nicht vorwernen konnen, Item wedewen und weysen de nicht hebben, nichtes konnen arbeiden und vorwernen, und hebben jus nene fruntschop de sick orer schal offt wil annemen, so vern se ein erlick levent, voren, und sint nene lasterinne wedder de lüde wedder Godt und sin hilge Evangelion, als Paulus leret van den wedwen 1. Thim. 5. Solcker und der geliken scholen sick de Christen annemen tho vorsorgen na orer macht. De armen overst und nottorfftigen de nene fruntschop hebben, dusse scholen van on als den frunden angenamen werden und vorsorget, up dat dat gemene gudt der Christen welck se mit milder hant tho hope dregen nicht besweret werde dat ock Paulus secht 2. Thim. 5. Und de fruntschop de solkes nicht don on willen sint erger wen Heiden und Joden als Paulus dar sulvest secht.

Beddelers.

Derhalven were wol nodich dat me wol seige up de beddelers, de dachlikes so lopen, se wonen hyr binnen offt der buten, under welcken sint vel quader boven lasterers und lasterinnen, den me nicht geven scholde und ore bosheit straffen. Idt sint ock etlike de dachlick liggen jn beer und bencken und bringen dat ore schentliken umme. Itlike bose wyne laten sick tho untuchtigen dingen bruken van den enen vor van dem anderen na, und wynnen jus enen hupen kinder, und wen se groth sin jagen se solcke den lüden vor de dor, de mothen dan so vel thronen dat se solcke bose olderen mede voden und voren jus ein bose levent mit solcken almissen, dat is unchristlick, Wente junke Pavel secht 2. Corinth. 8. Dat solfen geven schal nicht

7

jn der meininge geschen, det de armen darvan in wolluft leven und rowe hebben, unde de solke almissen geve möge und bedroffnisse, Sundern dat de overvloeth der de dar= geven, de noth der armen erheve. Hyr moet me wol up sen, up dat solcke lüde de rechten armen nicht bestelen, Idt kan overst ein gantze gemene kerspel sodan nicht achten, den de ene südt up den anderen, Dar umme is idt van noden dat uth dem gantzen hupen Diaken gekoren werden, den dat jn stede orer alle befalen sy van de wille wy nu or= dineren na der schrifft.

Van den Diaken offt Kistenheren.

Diaken sint nicht alse wy wente her tho gement heb= ben, de dat Evangelium van dem lecter sungen sunder de den armen deneden jn-orer nottrofft solke diaken sint ge= west de Hilge Stephanus unde Laurentius de ock beneven der vorsorginge der armen den armen Christen geprediket hebben und darumme gedodet sint. Dusse diaken offte kistenheren scholen solke lüde sin als de Apostel vorordent hebben. Acto. 6. und Paulus 1. Thimo. 3. se up dat flitigeste beschriven alse dat se sin vul des Hilgen geistes und wisheit, de ein gudt gerochte hebben, de erlick sin, nicht twetungich, nene winsupers, de nene unerlike hante= ringe driven, de de hemelicheit des loven jn reiner Con= scientien hebben, Welkerer husfromen ock erlick sin, nene lasterschen nochteren und truwen jn allen dingen, De Diaken sin ock ener fromen man, de orem egen huse und kinderen wol vorstan, Uth dussen worden des Hilgen geistes is wol aff tho nemen welck ein groet, herlick, hillich ampth is ein Diaken tho sin, dar van de leven Apostel so flitich uth

dem geiste geschreven hebben, Derwegen dat idt scholde den
Diaken nicht vordreten solckes amptes flitigen tho plegen,
Den S. Paul doth one ene grote loffte, dat se jo weten
de nutbarlicheit ores amptes 1. Thim. 3. und secht, De
dar wol denen, de vorwerven sick sulvest enen guden grad
und ene grote frymodicheit jm loven jn Jhesu Christo.

Van dem Kore der Diaken.

Wo solcke, als vorbeschreven Diacon scholen gekaren
werden, is rede by der erwelinge der Prediger ein del ge=
secht, und leret uns de geschichte der Apostel wol, und wy Acto. 6.
vinden idt ricklick geschreven in anderen Ordinantien, de
Apostel de me de twolve hat, repen de velheit der jungeren
thosamen, und spreken idt docht nicht dat wy dat wort
Godes na laten und thor taffelen denen, Dar umme gy
leven broder sedt manck jw na Soven menner rc. und
volget dar na, de rede bevelen dem gantzen hupen wol,
und erweleden rc. Hyr is jo klar vor unse ogen gestellet,
dat de twolve tho hope repen de velheyt de wy nu ein
kerspel offt Christelike gemene nomen und se von der gantzen
velheit dat bevel des kors, de jungeren sin lovich und lef=
hebbers des hilgen Evangelii, wente wat scholden wol de
viende des wordes und lesteres Godes kesen van Diaken
den noch de lere noch dat ampt tho herten geit, Darumme
steydt de erwelinge by der gantzen velheit der kerspel, Und
up dat idt ordentlick tho ga, de van one werden vulmech=
tich gemaket als wenner kerspel somige, gude, frome, up=
richtige lüde unde Christen wo vel se willen erwelen, als
de XXX mans den sin se jn der stede der gantzen vel=
heit der jungeren Jhesu Christi, und de mogen dan solcke

7*

Diaken kefen als vorbeort is uth der schrifft jn bywefende der Predicanten den so steyt gescreven, Do de Diaken ge= karen waren, do setteden se de vor de Apostel, und bededen und leden de hende up se. So moten ock vortmerde Dia= ken von enem Ersamen Rade und den XXX mans ge= koren werden jn bywesende der Prediger, so dat alle wege der olden Diaken II offt III by bliven umme underrich= tinge willen der, de dar nige by gekaren werden.

Tevel der Diacon.

Jn vorbenomder schrifft als Acto. 6. Js genochfam angetekent wat de Diaken doen scholen, Nomlick dat se den armen denen jn orer notorfft, de dar rechtschapen armen sin, jnsammelende, und uthdelende de gober der armen als milde gave, Testamente und wat se mit der tybt krigen konnen, wat jn de kisten geoffert wert, Dat se ock den schadt der armen truwelifen vorsluten, vorwaren, beteren, unvordachte reckenschop jarlifes dar van don, mit guten registeren vorvatet, der armen namen vortekent hebben, arme kinder thor schole bestellen zc. den dit werden se dagelick horen van den Predigern.

Van der armen Kiste.

Jn ener Jderen kerspel kerken unfer stadt schal stan ein kiste der me jn sammele milde almiffen vor de armen wente alle sondage scholen twe kistenheren mit twe budelen, umme her gan jn der kerken under dat volck, und de lüde flitigen ansprefen, ore gave den armen mede tho delen, frome Christen geven solcke almiffen gerne wente se weten dat se idt Christo julvest geven Math. 25. und dat ore

vader im hemmel wilt so hebben de dar secht Dse. 6. Ick
wil barmhertichcyt und nein offer, und doit so rike thojage
synen gehorsams. Esai. 58. De Gotlosen overst dous
nicht gerne, wente de geven lever na orem egen willen,
und don ungerne wat Godt voorordent jn der Hilgen schrifft,
sunder se holden or meninge sy de beste, So nun dusse
voorordeninge enen grunt hefft uth der schrifft 1. Corinth.
16. dar S. Paul den Christen bevelt, dat up der Sab=
bater schole ein jder by sick leggen und sammelen vor de
armen, wat ome litlick is, so don de Gotlosen solkes un=
gerne, und solcker schal me ock nicht nodigen, wente S.
Pauel secht 2. Cor. 9. Dar he van solcker vorsorginge
der armen ock schrifft, und sprect, Dat ein jder Christen
schole geven ne sinem willen nicht mit unwillen und mit
dwange, Wente enen froliken gever hefft Godt leff.

De Kistenheren scholen sick ock solckes nicht scheinen,
wente se denen hir nicht allene den armen, sunder Christo
ju den armen, und hebben des ene grote thojage 1. Thim.
3. alse rede vertellet is. Tho dusser kisten scholen sin II
offt III slotel de scholen de kistenheren hebben under sick
und dar thosamende by gen uthnemen und jn leggen, so
one dat nodich is, und dat de Register dar de armen ju
vortekent sin den se den almiffen geven jnsluten.

Jn dusse kisten der armen is voorordent dat ein jtlick
Prester de jn unser stadt lene offt proven hefft schal geven
1 gulde, so he hir nicht residert, Ock wat men averkonen
kan van lüchtgelde, dar tho alle spende by den klosteren
und wat se anders sin, und willige gave unde Testamente,
doch fry tho laten, so jemant tho unser stadt notrofft was
geven wil, und de Prediker scholen flitig sin, dat volck tho

rechtem Godesdenſte tho vormanende. Idt is ock ene
ſchentlike ſchattinge geweſt jn duſſer ſtadt, dat me de doden
hefft began laten, nicht allene ju den kerſpel kerken, Sun=
der ock jn beiden kloſteren, dar ſe dan hebben beide proven
und lichte tho gedragen, und offer tho dem altare, dat
doch den geſtorven nicht gehulpen hefft dar van ſy wy nu
gereddet dorch de warheit Godes ſo wilt ſick nu geboren,
nu wy duſſe loſe logen weten und hen ſtellen ock der
warheit volgen, Derhalven ſe wy vor goet an, dat de
frunde enes vorſtorvens ſo de lichnam begraven is, jn de
kerken gan, nu vort den armen ja Chriſto ſulven ore gave
jn de kiſten geven, und Godt den Heren bidden umme ein
ſelich ſtervent.

Des geliken ock wen de brudegam und brud des man=
dages tho kerken gan, is ein wiſe geweſt vor de ſoppen
ene brutmiſſe tho ſingen mit groter laſteringe godes und
lichtverdicheit der liide. So dat nu dorch Godes gnaden
aff is, und ju ſtede der miſſe dat wort Godes geprediket
wert der brüdt und brüdegam de ſegen gegeven, is vor=
ordent van unſer gemeine, dat de brudt und brüdegam
mit orer frundſchop jn ſtede des offers up dat altar, nu
vortan jn der armen kiſten ſolck ein offer geven, up dat
ſe Godt des de beth dyen late ne ſiner thoſage Math. 6.
Idt ſint noch ſere vele goder der wy nicht konen mechtich
ſin jn unſer ſtadt, de jn der armen kiſten horen, Alſe wat
jn vor tyden under der hilgen namen dem Düvel geoffert
is, ſolckes und der geliken horet jn der armen kiſten, dat
me nu dar van ove den rechten Godesdenſt, dat tho vorn
nicht geſchen is, God wert gnade geven, dat wy ſolckes don
und ſinen ſegen averkomen.

Schatkiste.

Beneven dysser kysten Is ock vorordent ein schatkiste und idt is bewilliget umme jtliker orsake willen, dat dusse schatkiste schol stan up dem oldensteder Rathuse, Und da= rumme ene schatkiste genomet, dat me dar jn lecht und sammelt enen schat der gemenen goder, de dar sint vor= ordent tho erholden dat wort Godes, der armen lüde huse, Hilge geist, de Koninge, der kerken gebuw.

Tho dusser kisten scholen sin vyff slote, twe scholen hebben de twe sittenden borgermesters, de anderen twe de beide warers der Ampte und gemeine, den vifften de kistenheren.

In dusse kiste scholen gelecht werden alle segel und breve, und goder des Hilgen geistes, der Koninge und der anderen huse der armen. Item segel breve und goder aller kerken buwete der me kan mechtich sin. Item alle goder der broderschop, se sin genomet wo sy willen. Item aller guder der kloster na affsturinge offt affstervem der Per= sonen, und dat wy vele mit korten worden begripen, alle wat jn Godes ere gewendet und gegeven is, und uth unwetenheit, nicht thom rechten Gadesdenste, sunder tho enem groten misbruke geraden, was wy solckes mit reden erlangen konnen, dat horet alle jn dusse kisten. Up dat solckes dorch einen Ersamen Radt und kistenheren, na rade de Predikers uth Godes worde thon rechten Gadesdenste gekert werde, dar idt ock tho gegeven is, Und na dem dat solke guder einmal Gade gegeven sin, schal nemant de sine mit egener gewalt wedder tho sick rithen, wente de mei= ninge der gevers ist gewest, solcke goder jn Gades ere tho geven und durch unwettenheit is dat nicht wol geraden,

so gehoret nu der Dverichẹit solke gude meininge tho vor-
vullen und solke guder jn den rechten Gadesdenst tho wen-
den, De deken des Hilgen geistes, und der Koninge, und
jus der anderen armen huse, mit medewethen und rade
und bywesende der kistenheren, de uth Godes ordeninge
vorsorgers sin aller armen unser stadt scholen alles don,
Und derhalven scholen ock kistenheren ein wetent hebben
der guder der armen und de deken und kistenheren jut
sampt scholen uth der schatkisten, den armen des Hilgen
geistes und den anderen ore gewontlike hantrekinge don so
lange dat me de armen mit anderer woninge und anderen
nodigen dingen wol vorsorge, Wente wy willen mit Godes
hulpe mit der tydt de armen bet vorsorgen wente her
geschen.

Wan nu de armen na redeliker wise uth den kisten de
jn den kerspel kerken stan sint vorsorget, dorch unse diaken,
was den dar averblifft, scholen se tho hape sammelen, und
jn de schatkisten leggen tho behoff der anvelligen nottrofft
alse armoet, düer tyd, Pestilentie, sede offt was sick jus
beiegen mochte, dar unse stadt mede mochte beswert werden.
De Kistenheren scholen groten flit anwenden ore ampte
truweliken tho oven, wente se denen Gode jn dem ampte;
und up dat alle ergeringe und gissinge werde affgelecht,
so vele jn one is scholen se mit registeren und schrifften
ore jnboringe und uthgevinge flitigen vorvaten, up dat se
ores amptes gude und unvordachte rekenschop don konen,
de dan up enen bequemliken dach und einmal jm jar schen
schal, up S. Andreas dach offte enen anderen, jn jegen-
wordicheit enes Ersamen Rades und der XXX mans uth
den ampten und gemene tho dem kore der diaken und

Predikers und der anderen deners der kerken vorordent, Wente so lese wy dat S. Pawel etlike uth der gemene tho Corintho de se dar tho proveden, sampt anderen guden Christen na Jerusalem sende den armen ore gave aver tho antworden, up dat he unde de anderen unvordechtlich bleven. 1. Corinthiorum 16. So mothe wy ock alle ergeringe und vordenckinge miden so vere wy konnen.

Alle lüde den dat licht des Hilgen Evangelii erschenen is, de moden hüde tho dage bekennen, dat uns Godt de Vader gereddet hefft, uth untellyker schinderinge alse val= schen Gadesdenstes, mit hilgedom, afflates, mit offermissen, und anderen untelliken dingen, Und hefft uns jn stede solker bedregerye gegeven de erkentnisse der warheit, dorch dat Hillige Evangelium, Und weten nu dat solkes unse Here Godt nicht vordert und is vorgeves denst Mathei. 15. Overst vor solke gave is de meiste hupe undanckbar. Den valschen Godesdenst laten se wol vallen und geven nu nicht Moniken und Papen, Ja geve Godt dat se noch betalden, dat se solken lüden schuldich syn.

Tho dem rechten Godesdenste willen se overst nicht don, Jdt steydt overst de rechte Godesdenst sunderlinges jn dem, dat Godes wort recht und wol geleret werde und de Sacramente recht gereket und de armen wol vorsorget, gude schole der Joget geholden, hir wil de werlt nichts tho don solken Godesdenst tho erholden, dat jo klegelick genoch is. Derhalven hefft unse Christelike gemene dat ein jtlick de thom Sacramente geyt, vorplichtet sy, des jars up IIII tyde Romlicke Wynachten, Paschen, Pinx= sten, und S. Michaelsdach, enen ratmuter tho gevende, Tho erholdinge des wordes Godes, und dat sus jn vor

tyden mit bannen van den lüden is gevordert, scholen se
nu gerne uth Christliker leve don, als ock jn allen anderen
Evangelischen steden verordineret is.

Van dem Ehestande.

De Ehestandt is ein scheppinge Gades gelick sunne
und mane, eten und drincken ꝛc. Darumme hort he tho
enem uthwendigen tuchtigen wandel, der Overicheit bevalen
tho underholden, erliken gelick ein werck und scheppinge
Gades, dat den ock de Keyserliken rechte betügen, de dan
vel erlikes und tuchtiges gesettet hebben, van dem Ehestande
wo wol etlike der Keysers Heyden gewest sin.

De Ehestandt komet ock dem Predikerampte nichtes tho
sunder dar idt de Conscientie fordert, up dat nu vel un=
willen na blive kyven, haderen, umme eliker truwe willen,
der de Düvel vel anrichtet, unde ander boverie, so wy vor
gudt an, dat de olde wyse werde geholden, mit dem aff=
kundigen van deme predikenstole dre sondage vor der wert=
schop, offt tho dem minsten jo einmal up den sondach und
de anderen twe jn der weken, wan idt jo hast were dat
ein jder frie insprake hebbe, und de Ehe dar na nicht ge=
braken werde. Wente nemant lovet wat werdes me hefft
hemeliker truwe halven und byliggers des dan vel worde
na bliven, wen dusse affkundige geschen is. Jdt is ock
ein teken dat dem Düvel solke affkundige nicht wol behaget,
na dem male de Papen dar gelt vor genamen hebben und
na gelaten, Vor solke affkundige schal me de Predikers
vorwilligen, So nu de Ehestandt ein uthwendich dinck is,
dat van amptes wegen den Predicanten nicht tho kumpt,

scholen de Capellans dartho nicht vorplichtet sin, dat se de lüde thor brudlacht bidden wente offt solkes tho voren ge= schen is, wat geit uns dat an, wat hebben de Capelans nicht gedan umme genetes willen, So overst jemant frunt= schop offt mageschop halven wolde solkes dan, late my ge= schen wil overst de Cappellans jemant thor brudlacht heb= ben, so se gemene deners sin, kan idt one wol an seggen se hebben wol so vel tho donde willen se oer ampth recht uthvoren, dat se de strate nicht vel treden darven.

Idt is ock Christlick dat beide brudegam und brudt erschinen und sick laten tho samende geven des sondages na der misse jn ansende der Christeliken gemene, de ores Ehestandes tüge sindt. Des mandages overst wen se na gewontlicker wise thor kerken gan schal beide brüdegam und brudt erschinen und vor de düvelschen brudtmisse den segen entfangen van dem dener. Und offt de brudt offt de brudegam schon ein wedwe were behoven se nochtans wol den segen des deners, der halven scholen se ock tho kerken komen. De lüde overst de buten wonen scholen des sondages komen und laten sick tho hope geven na der misse, dar dan de dener vort se segen schal so behoven se des mandages nicht wedder tho komen.

Beslüedt der Ordinantie.

Alsus is Gode dem Vader und sinem Evangelio thon eren und gemenes fredes willen dusse Ordinantie uth hete und bewillinge ener gantzen gemenen stadt tho Hervorde dorch de Predicanten und vorordenten vam Ersamen Rade gemaket, gelesen, velmal avergesen, up dem Rathuse erst=

lick vor der gantzen gemeinen stadt, dar negest entlick uth heten und wilginge der sulfften van dem predikestole jn jegenwordicheit beider kerspel in dem Münster affgelesen und angenamen mit danckjegginge, Darup gesungen Te Deum laudamus, Des ersten Sondages in Paschen.

Anno 1532.